学校に行けない子どもの気持ちと向き合う本

その子にあったオリジナルの未来を見つけよう

「お母さんの学校」校長
親子問題専門の
心理カウンセラー
矢部裕貴

KADOKAWA

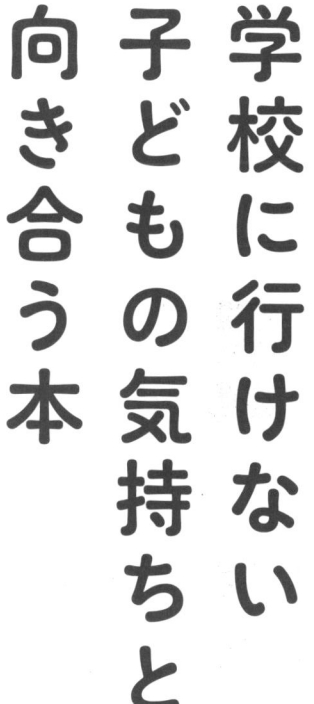

はじめに

まさか自分の子が不登校になるなんて……。

カウンセリングでよく耳にする言葉です。近年、不登校に関するご相談が増え続けています。これまで、テレビやネット、世間でよく耳にしていた「不登校」という言葉。自分の子は関係ないと思っていたのに、その日は突然やってきます。

昨日まで何の疑いもなく当たり前に行っていた学校に、突然行けなくなって、戸惑っているわが子を見ると、どうしていいのかわからなくなり、パニックになってしまいます。子どもが苦しんでいるのに、思ったように接することができなくてもどかしくなります。

それだけではありません。突然学校に行けなくなり、「不登校」と呼ばれるようになると、何かマイナスのレッテルを貼られたような感覚にすらなります。親である自分までもが世間から責められている気がして、ショックだし、大きな問題を抱えたような気持ちになって毎日モヤモヤします。

突然のことで、どうしていいかわからなくなると、ネットを検索しては正解を探し始めます。それが悪いことではありません。

でも、もし、その正解だと思ったものに自分が当てはまらなかったらどうでしょうか。正解とされるものとは違う現状に、より一層不安を感じ、自分を疑い、自分や子どもを責める材料を増やしたことになってしまいます。

まずはパートナーに相談するのがよいのですが、それがうまくいかないことも。

一人では乗り越えられないような状況になったとき、相談したり頼れる人がいなければ、心細くなるし、抱えきれない不安が毎日襲いかかってきて、一人ぼっちになってしまったような感覚になってしんどいですよね。

自己紹介が遅くなりました。

「お母さんの学校」の矢部裕貴です。親子問題専門の心理カウンセラーとして、これまで1万5000人以上の親子のカウンセリングをしてきました。

現在、「お母さんの学校」というお母さんたちがつながる、共感し合える、学び合えるオンラインの空間を運営しています。

そのきっかけの一つに、僕自身が苦しんでいる母を見て育ったということがあります。母は自分の母親との関係がよくなく、常に孤独感を抱え、泣いていました。僕はいつも、そんな母を助けたいと思っていたからです。

学校に行けない子どもたちが毎年すごい勢いで増え続けていますが、それは同時に、その子どもたちに向き合う親たちの数も増え続けているということです。自分の家族に起こったことだからと周りに助けを求められず、押し寄せる不安を一人で抱えるのは、想像以上につらいことです。

僕は、子育てはそもそもみんなでするものだと思っています。

物理的、環境的に難しいとしても、少なくとも気持ちを分かち合える仲間がいたら、頼れる先輩がいたら、孤独にはなりません。

心を健康に保ち、不安に立ち向かっていく力を取り戻していくことができます。

そしてそれは、学校に行けない子どもたちも同じ。

今抱えている不安に一人で立ち向かっていくのはあまりにも酷《こく》すぎます。子どもたちにも、仲間、先輩、心が回復する居場所や存在が必要です。

子どもに何をどうするのが正解かは、正直、子どもの未来でしか知ることはできません。だからこそ、まず向き合うべきは、今目の前にいる子どもの気持ちです。

子どものためになることを、何でもいいからしてあげたい。それが親の願い。

でも、この思いがうまく伝わらなくて、傷つけてしまったり、ケンカになってしまったり、誤解されてしまうことがあります。

子どもの気持ちに寄り添うことは、結果的に親の愛情をストレートに届けることにつながるんです。


本書は、不登校、行き渋りなど、学校に行けない子どもの気持ちに寄り添い、その子にあったオリジナルの未来を見つけるまでの歩みに伴走する内容になっています。

学校に行けない子は、問題のある子ではありません。

問題に直面している子です。

僕は、これまでの経験から、問題や悩みに向き合うことで、才能の芽が出ることを確信しています。もしかすると、不登校に直面したことが、子どもの才能を見つけるきっかけになるかもしれません。

「学校に行けない」子が見せてくれるメッセージを受け取って、わが子らしい未来につなげるためにこの本を使っていただけたら幸いです。

当たり前のように学校に行っていたあの頃と、行けなくなった現在で大きく変わったことはなんでしょう。

より一層子どものことを考えるようになったことではないでしょうか。

そして、親である自分とたくさん向き合うようになったことではないでしょうか。

それは、不登校がもたらしてくれたギフトの一つかもしれません。
読み進める前に、少し時間をとって次の2つの質問の答えを書き出してみてください。この質問に答えておくことで、読み終わったときには、不登校がもたらしてくれたギフトをきっと受け取っていると思いますよ。

「お子さんにどうなってほしいですか？」

「あなたはどんなお母さん・お父さんになりたいですか？」

お母さんの学校 校長
矢部裕貴

目次

1章　不登校は悪いことじゃない

2章 子どもも親も悪くない

3
章

学校に行けない子どもとの向き合い方

4章 子どもと明るい未来を目指す

5章 困難を乗り越えた後の「才能開花」

COLUMN

Staff

デザイン／上坊菜々子
装丁画／山内庸資
中面イラスト／佐々木奈菜
DTP／キャップス
校正／麦秋アートセンター
編集協力／岸田直子

本書の使い方

本書は〝子どもの気持ちに寄り添う3ステップ〟を柱に構成しています。お母さん、お父さんのワークページを充実させ、親のメンタルもケアしながら、親が子どもの気持ちに寄り添えるような工夫がされた一冊です。

学校に行けない子どもの気持ちに寄り添う3ステップ

不登校や行き渋りなど、学校に行けない子どもの気持ちを理解してあげたくても、なかなかうまくコミュニケーションがとれないこともあります。そんなときはこちらの3ステップで子どもの気持ちに寄り添ってみましょう。

現状を受け容れる

1〜2章で詳しく説明しています。

⇩

信頼関係を高める

3章で詳しく説明しています。

⇩

最後まで話を聞く

3〜4章で詳しく説明しています。

お母さんやお父さんの気持ちを整理するためのワークページが充実！

質問です

Q 不登校はなぜ問題なのだと思いますか？

書き出してみよう

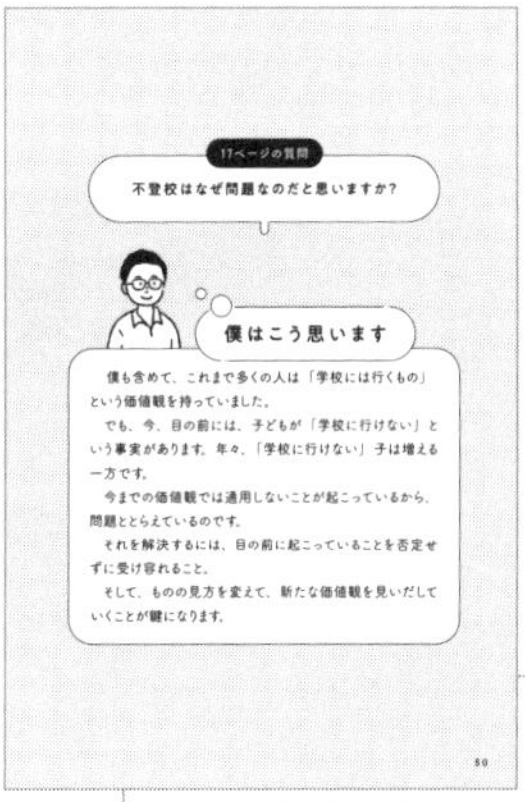
17ページの質問

不登校はなぜ問題なのだと思いますか？

僕はこう思います

僕も含めて、これまで多くの人は「学校には行くもの」という価値観を持っていました。

でも、今、目の前には、子どもが「学校に行けない」という事実があります。年々、「学校に行けない」子は増える一方です。

今までの価値観では通用しないことが起こっているから、問題ととらえているのです。

それを解決するには、目の前に起こっていることを否定せずに受け容れること。

そして、ものの見方を変えて、新たな価値観を見いだしていくことが鍵になります。

50

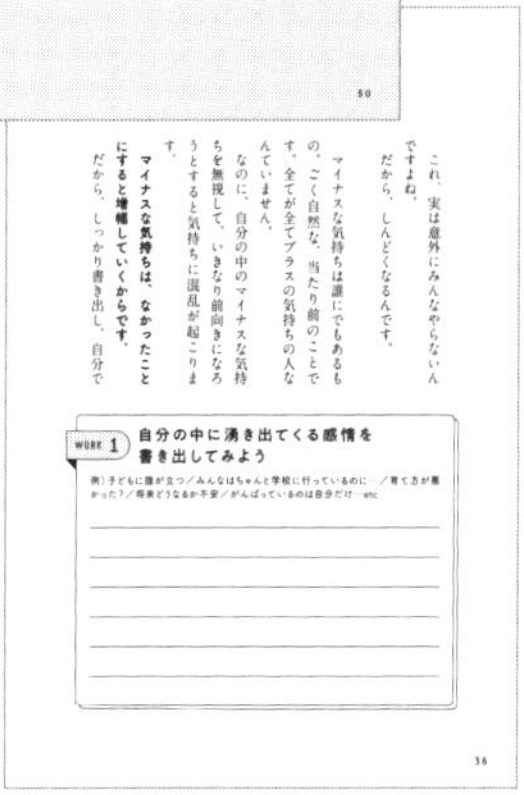
これ、実は意外にみんなやらないんですよね。

だから、しんどくなるんです。

マイナスな気持ちは誰にでもあるもの。ごく自然な、当たり前のことです。全てが全てプラスの気持ちの人なんていません。

なのに、自分の中のマイナスな気持ちを無視して、いきなり前向きになろうとすると気持ちに混乱が起こります。

マイナスな気持ちは、なかったことにすると増幅していくからです。

だから、しっかり書き出し、自分で

WORK 1 自分の中に湧き出てくる感情を書き出してみよう

例）子どもに腹が立つ／みんなはちゃんと学校に行っているのに…／育て方が悪かった？／将来どうなるか不安／がんばっているのは自分だけ…etc

36

1～4章の冒頭での問いかけに対する先生のアンサー（考え）は各章の最後に掲載しています。
そのほか、各章に入っているワークやチェックリストも活用してみてください。

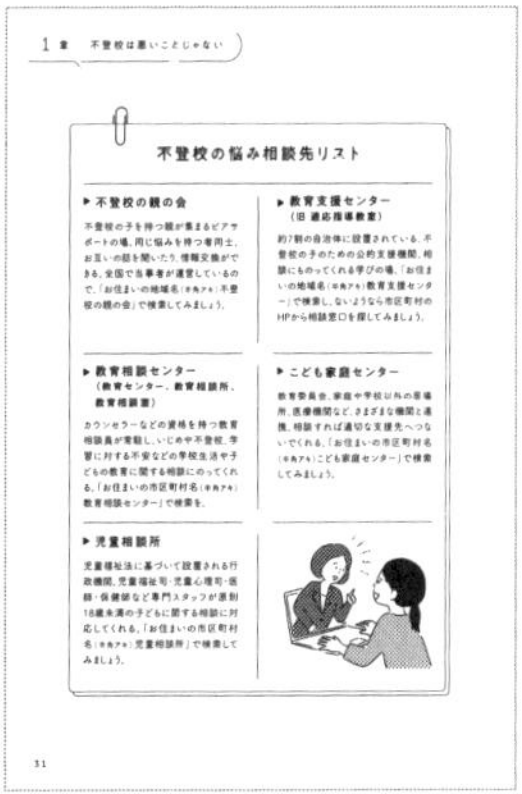
1章 不登校は悪いことじゃない

不登校の悩み相談先リスト

▶ 不登校の親の会

不登校の子を持つ親が集まるピアサポートの場。同じ悩みを持つ者同士、お互いの話を聞いたり、情報交換ができる。全国で当事者が運営しているので、「お住まいの地域名（半角アキ）不登校の親の会」で検索してみましょう。

▶ 教育支援センター（旧 適応指導教室）

約7割の自治体に設置されている、不登校の子のための公的支援機関。相談にものってくれる学びの場。「お住まいの地域名（半角アキ）教育支援センター」で検索し、ないようなら市区町村のHPから相談窓口を探してみましょう。

▶ 教育相談センター（教育センター、教育相談所、教育相談室）

カウンセラーなどの資格を持つ教育相談員が常駐し、いじめや不登校、学習に対する不安などの学校生活や子どもの教育に関する相談にのってくれる。「お住まいの市区町村名（半角アキ）教育相談センター」で検索を。

▶ こども家庭センター

教育委員会、家庭や学校以外の居場所、医療機関など、さまざまな機関と連携。相談すれば適切な支援先へつないでくれる。「お住まいの市区町村名（半角アキ）こども家庭センター」で検索してみましょう。

▶ 児童相談所

児童福祉法に基づいて設置される行政機関。児童福祉司・児童心理司・医師・保健師など専門スタッフが原則18歳未満の子どもに関する相談に対応してくれる。「お住まいの市区町村名（半角アキ）児童相談所」で検索してみましょう。

31

不登校の悩み相談先リストも掲載！

31ページには、お母さんやお父さんが相談できる機関のリストを掲載しています。自分に合うところを探してみましょう。

1章

不登校は悪いことじゃない

質問です

Q 不登校はなぜ問題なのだと思いますか?

＼書き出してみよう／

うちの子だけじゃない！学校に行けない子はたくさんいる

今、「学校に行けない」「学校に行かない」子どもたちが増えています。
そんな子どもたちの状況を世間では「不登校」という言葉で表現していますが、文部科学省（文科省）では、

年間30日以上欠席している子どもたちを「長期欠席者」
病気や経済的理由を除く年間30日以上欠席している子どもたちを「不登校」

と定義しています。

２０２３年10月に発表された文科省のデータによると**「長期欠席者」小・中学校の児童生徒数は46万６４８人（病気・新型コロナウイルスの感染回避含む）**と過去最多。

そのうち、病気や経済的な事情ではなく、学校を休んでいる**「不登校」は小・中学校の児童生徒数29万9048人**と、こちらも過去最多で**前年より5万4108人も増**えています。

ちなみに「引きこもりとはどう違うんですか?」というご質問もいただきます。

「引きこもり」は年齢に関係なく、6カ月以上家に閉じこもっている状態（厚生労働省）を指すので、病気や経済的理由とは関係なく学校に行かず6カ月以上家から外へ出ていない小・中学生であれば「不登校」であり、「引きこもり」であるということになります。

この数字を見るだけでも不登校が激増していることはおわかりになると思います。

でも、ちょっと疑問が浮かびませんか?　年間欠席数が29日だった子、学校には行くけれど教室では授業を受けずに保健室で過ごす子、限られた授業だけ受けて帰る子などは「不登校」にカウントされていないのでしょうか?

また、「不登校」にカウントされていない「長期欠席者」の中に、学校でのストレスが原因で体調を崩してしまった子どもたちがいないとも限りません。
つまり「長期欠席者約46万人、不登校約30万人」という数字は、あくまでも文科省の定義に合う子どもたちであって、実際には「毎日朝から終業まで教室で過ごしているわけではない」という子どもたちの姿は統計から漏れてしまっているのです。

前述しましたが「不登校傾向」にもいろいろあります。

教室外登校／校門、保健室、校長室などには行くが教室には行かない
部分登校／基本的には教室で過ごすが、授業に参加する時間が少ない
仮面登校A／基本的には教室で過ごすが、皆とは違うことをしがちで授業に参加する時間が少ない
仮面登校B／基本的に教室で過ごし、皆と同じことをしているが、心の中では学校に通いたくない、学校がつらい、嫌だと感じている

これらの「不登校傾向」までフォローしているのが、2018年12月に発表された

日本財団のデータです。それによると、

中学校の通学状況
「不登校」は推計約10万人（全中学生の3・1％）、
「不登校傾向」にあると思われる中学生は推計約33万人（全中学生の10・2％）

つまり、この数字は文科省の「不登校」の定義には当てはまらなくても、**中学生の10人に1人以上が「不登校傾向」にある**ということを物語っています。

これは少し前の調査なので、年々激増している不登校の数字から見ると、現在はもっと多くの中学生が「不登校傾向」にあると思っても間違いではないでしょう。

中学生だけでなく小学生の中にもきっとたくさんいるでしょう。

もしあなたのお子さんが突然「学校に行きたくない」と言い出しても、それは決して特別なことではありません。ほかにもそういう子はたくさんいますし、同じような家庭はたくさんあります。

不登校でなぜ苦しむのか？

不登校が増えているとはいえ、親にしてみたらわが子が突然「学校に行きたくない」と言い出したり、行き渋りだしたら、やっぱり焦るし不安ですよね。「うちの子がまさか」「うちの子まで」と驚き、途方に暮れてしまう親御さんは大勢いらっしゃると思います。

僕のところへ相談にいらっしゃる親御さんたちも、皆さん、どうしたらいいかわからず困り、苦しんでいます。

子どもが不登校になると、どうしてこんなに苦しいのでしょうか。

それは、**未来が不安だから**です。

最初の何日か行けなくなったら、もうずっと行けないいんじゃないか。

小学校で不登校になってしまったら、中学校まで続くんじゃないか。

このままゲームばかりしているんじゃないか。

社会人になっても適応できないんじゃないか。


小学校6年生、中学校3年生、高校3年生など、その先に受験や進学などの期限がある場合には、不安に加えて焦りも生じます。

このまま卒業できないんじゃないか。受験・進学できないんじゃないか。

特に中学生の場合は、中学3年間で30日程度（年平均10日）の欠席があると高校受験の審議対象になるので、それも不安、焦りを生み出していきますよね。


とてもよくわかります。まさに今、この本を手にとってくださっている皆さんは、そういう気持ちでいらっしゃると思います。

その不安を抱えているあなたが、**これからどうやって未来に向き合っていくのか。**

一緒に考えていきましょう。

一人で抱え込まない

子どもが不登校になり、未来に不安が生じると、多くの親御さん、特にお母さんは過去を悔やみ、「私がこんなふうにしてしまった」と責任を感じてしまいます。

そこには罪悪感が生まれていて、その罪悪感を持って子どもに接します。口に出しては言わなくても、子どもに対して申し訳ないと思いながら接するんです。

そして、私が何とかしなきゃ！　と思って、一生懸命いろいろなことに取り組み始めます。

でも、がんばればがんばるほど、この接し方でいいんだろうか？　と、迷ったり不安になってしまう。

うまくいかないからですね。これでいいんだろうかと不安になって、**自分を責め、自己否定に陥ります。**

そこでパートナーに相談できればいいんですが、「そんなのは無理やり行かせればいい」と言われてしまうと、この人は**わかってくれない、理解してくれないと孤独になっていきます**。

身近に不登校の子を抱えた人がいれば相談もできますが、いなければやっぱり相談しづらい。自分の家庭のことだから、批判されたくない、評価されたくない、バカにされたくない、恥をかきたくないと思って、なかなか人に言えない。

無意識に人のいる場に足を運ばなくなり、人目を避け、ますます孤立してしまい、孤独感が募《つの》っていきます。

これは子どもも全く同じです。

学校に行きたいと思っているのに行けない。そんな自分が親を悲しませている、迷惑をかけているという思いが罪悪感になって、自分はダメなんだと自分を否定していきます。

自分ばかり責めていると苦しいので、周囲も責めるようになります。学校が悪い、先生が悪い、友だちが悪い。この中には（ショックでしょうが）お母さんやお父さんが悪いも含まれてしまうかもしれません。

この、周りを否定するということは、周りを遮断しているのと同じ行為なので結局は**孤独になっていきます**。

すると、そんな自分なんか誰からも愛されるわけがないと、愛されないようなふるまいをするようになるんです。

普段なら言うはずのない言葉を口にしたり、そんなつもりはないのに親を傷つけたり、必要以上にふさぎこんだり。

「負のループ」です。


親も子も「わかってもらえない」と思うから、より一人になっていく。


この孤独感をそのままにしておくことが、どれだけしんどいか。

僕は知っています。なぜなら、僕自身がその孤独感を抱えて生きてきたから。

そして、母も同じく孤独を感じて生きてきたからです。

まずは一人にならないこと！

孤独に陥らないために大切なことは、人とつながることです。その**苦しさを共有してもらう**こと。

例えば、不登校の子を持つ人がご近所やママ友・パパ友にいなければ、学生時代の友人や職場の同僚や先輩などにいないでしょうか。

身近にいなければ、地域の団体や公共機関を探してみましょう（31ページ参照）。いくつかご紹介します。

・**不登校の子の保護者の会「不登校の親の会」**

同じような悩みを持つ者同士なので本音を話しやすいでしょうし、「わかる！」「うちも！」と共感し合えるだけで気持ちが軽くなるかもしれません。

・**教育支援センター（旧　適応指導教室）**

不登校の相談機関かつ学びの場として教育委員会が設置していますが、自治体によってはないところもあります。

・教育相談センター（教育センター、教育相談所、教育相談室なども同じ）

カウンセラーなどの資格を持つ教育相談員が常駐し、保護者の相談、そして必要に応じて子ども本人の相談にのってくれます。

・こども家庭センター

教育委員会、家庭や学校以外の居場所、医療機関などさまざまな機関と連携していて、適切な支援先へつないでくれます。

・児童相談所

各都道府県に設置されている行政機関。原則18歳未満の子どもに関する家庭などからの相談に応じ、子どもや家庭に対して援助を行なっています。

また、気になるフリースクールがあれば、そこに相談してみるのもいいかもしれません。

フリースクールは基本的に子どもを受け容れる場ではありますが、不登校の子どもたちを現場で見ているスタッフが多いので、子どもの状態や親の気持ちをわかってくれやすいと思います。

民間のカウンセラーに話してみるのもいいですよ。

僕自身、カウンセラーをしていますが、海外と違って日本ではまだまだ敷居が高いように感じられているようです。

でも、決してそんなことはありませんし、今は不登校専門のカウンセラーもいるので気軽に相談してみるのもおすすめです。

そして、もちろんスクールカウンセラーや学校の先生にも相談できると思います。

スクールカウンセラーの場合、基本的に親身に寄り添ってくださると思いますが、相性や相談できる回数、タイミングの問題もあり、想像していた対応と違うなどの印象を受ける人がいるのも事実です。スクールカウンセラーの数が足りないというのは、現場の声としてよく耳にします。

学校の先生も親身に寄り添ってくださる人も多いと思います。でも、一つ気をつけておきたいのは、相談しようと思っているその先生に対する不信感などで子どもが学校に行けないということもあるので、誰に相談するかは見極めが必要ですね。

学校の先生との接し方は127ページに後述していますので、そちらを参考になさってください。


ここでお伝えしたいのは、**一人にならない、誰かとつながる**ことの大切さです。

自分の気持ち、苦しさを共有してくれる相手は一人でも多くいたほうがいい。

なので、相談先もいろいろご紹介しました。

一箇所じゃなくてもいいんです。**たくさんの選択肢の中から自分に合ったところ**をいろいろ見つけてください。

不登校の悩み相談先リスト

▶ 不登校の親の会

不登校の子を持つ親が集まるピアサポートの場。同じ悩みを持つ者同士、お互いの話を聞いたり、情報交換ができる。全国で当事者が運営しているので、「お住まいの地域名（半角アキ）不登校の親の会」で検索してみましょう。

▶ 教育支援センター（旧 適応指導教室）

約7割の自治体に設置されている、不登校の子のための公的支援機関。相談にものってくれる学びの場。「お住まいの地域名（半角アキ）教育支援センター」で検索し、ないようなら市区町村のHPから相談窓口を探してみましょう。

▶ 教育相談センター（教育センター、教育相談所、教育相談室）

カウンセラーなどの資格を持つ教育相談員が常駐し、いじめや不登校、学習に対する不安などの学校生活や子どもの教育に関する相談にのってくれる。「お住まいの市区町村名（半角アキ）教育相談センター」で検索を。

▶ こども家庭センター

教育委員会、家庭や学校以外の居場所、医療機関など、さまざまな機関と連携。相談すれば適切な支援先へつないでくれる。「お住まいの市区町村名（半角アキ）こども家庭センター」で検索してみましょう。

▶ 児童相談所

児童福祉法に基づいて設置される行政機関。児童福祉司・児童心理司・医師・保健師など専門スタッフが原則18歳未満の子どもに関する相談に対応してくれる。「お住まいの市区町村名（半角アキ）児童相談所」で検索してみましょう。

まず、自分の中に湧き出てくる感情を「受け容れ」よう

子どもが「学校に行きたくない」と言い出したとき、親御さんはどんな気持ちになるでしょうか。

先にも少し触れましたが、ここではもっとじっくりお母さん・お父さんの気持ちにフォーカスして考えてみましょう。

子どもの気持ちと向き合うには、まず、向き合う自分の気持ちを把握し、受け容れる（受容する）**ことが何より大切です。**

自分が不安や焦りを抱えたまま子どもと向き合うと、それが子どもに伝わってしまい、親子とも混乱してしまうばかりです。

それに、誰かやどこかとつながったとしても、自分の感情を受け容れていないと、自分の気持ちを正直に伝えたり、今まで言えなかったことが相談できるようになる、という次の段階にならないからです。批判されたり、傷つくのが怖いからですね。

つながってても結局またそこで孤独を感じてしまいます。物理的には孤独じゃなくなっても、心の奥底で孤独を常に感じてしまう。

それではつながる意味がなくなります。

そうならないためには、今、自分の中に湧き出てくる気持ちや感情を全て書き出してみましょう。

36ページに記入欄を設けているので、例を参考に書いてみてください。

書ききれないようなら、ノートを用意してもOKです。誰にも見せない、自分だけのノートです。隠し場所も考えてくださいね。

そこに、自分の中にモヤモヤと渦巻いている気持ちを正直に全て吐き出してみてください。

「育て方がいけなかったのだろうか？」

「自分なんかが子どもを持ったからこんなことになるんだ」


自分のせいにしてしまったり、自分を責めたくなる気持ちもわかります。大丈夫、みんな同じです。


「自分を困らせている子どもに腹が立つ！」

「どうしてほかの子と同じことができないのか？」

「自分ばっかり大変でやってられない！」


怒りでもグチでも何でも構いません。大丈夫、誰もあなたを責めたりはしません。


「この先、うちはどうなってしまうんだろう？　不安でたまらない」

「義理の両親や親戚に知られたらどうしよう」

「ご近所やクラスメイトの親からどんな目で見られているか気になる」

「このままずっと学校に行けなかったら、あの子は将来どうなってしまうのか?」

いろいろなことを考えると、不安で不安でたまりませんよね。どんなことが不安かもどんどん書き連ねていってください。

もちろんこれは1回だけではなく、モヤモヤが募るたびに書き出していきましょう。

時には、書きながら泣いてしまうかもしれません。

でも、それでいいんです。誰にも見られず、知られず、思いきり泣いてください。

それが素直に自分の感情を吐き出すということです。

こんなこと思っちゃいけない、自分はなんてひどい人間なんだろう……と思わなくて大丈夫です。

それでは「拒絶」になってしまいます。

「受け容れる」ということは「そうだよね。そう思うよね」と認めてあげることです。

これ、実は意外にみんなやらないんですよね。
だから、しんどくなるんです。

マイナスな気持ちは誰にでもあるもの。ごく自然な、当たり前のことです。全てが全てプラスの気持ちの人なんていません。

なのに、自分の中のマイナスな気持ちを無視して、いきなり前向きになろうとすると気持ちに混乱が起こります。

マイナスな気持ちは、なかったことにすると増幅していくからです。

だから、しっかり書き出し、自分で

WORK 1

自分の中に湧き出てくる感情を書き出してみよう

例）子どもに腹が立つ／みんなはちゃんと学校に行っているのに…／育て方が悪かった？／将来どうなるか不安／がんばっているのは自分だけ…etc.

自分にわかるように、気づけるようにしてあげることが大事なんです。

自分の気持ちを書き込んでいるあいだ、我慢は不要です。自分の気持ちに蓋《ふた》をしないでください。

なぜなら、その**我慢があなたを苦しめている**からです。

「こんなこと思っちゃいけない」というのも蓋をしていることですよ。

そもそも、なぜ我慢するのかと言うと、自分の気持ちをぶつけて相手を傷つけたくないという思いが強くあるからです。

それって、**本当はすごい愛**ですよね。

相手を思いやる優しさから我慢しているのに、それが苦しみになってしまっている人がどれほど多いことか。

「自分だって学校に行きたくないことはあった。でも、親を困らせちゃいけないと思って我慢して行ってたのに」

「親はいつも仕事ばかりで、今の自分のようにこんなに子どものことを考えてくれたことはなかった。自分だって愛されたかったのに」

そんな気持ちも湧き出てくるかもしれません。

それも考えてみると、子どもの頃のあなたが我慢という蓋をしてしまった親への愛、愛を乞う気持ちだったことがわかります。

自分の中から湧き出てくる気持ちを全て書き込んだら、きっとモヤモヤも落ち着いてくるはずです。

大切なのは、いろいろ書き込んだ自分の気持ちに気づくこと、「そうだったんだ」と認め、受け容れること。

がんばっている自分も、苦しんでいる自分も、**全ては愛から**だったんだと気づくことができれば、自分の気持ちもすとんと受け容れられますよ。

次に、学校に行けなくなっている子どもの気持ちを「受け容れ」よう

自分の気持ちを認め、受け容れたら、次は子どもの気持ち、感情です。**学校に行けない今、子どもはどんな気持ちでいるでしょうか？**　ちょっと、子どもの気持ちを想像してみてください。

苦しいのかな。
寂しいのかな。
しんどいのかな。
つらいのかな。
もどかしいのかな。

いろいろ浮かんでくると思います。

大人の親でさえ、マイナスな気持ちが渦巻いていたのですから、精神的にまだ未熟で感情を上手に整理できない**子どもがどれだけマイナスな気持ちを抱え、押し潰されそうになっているか、**想像に難くありませんよね。

子どもがまだ小さくて、聞ける関係性であれば、聞いてみてもいいと思います（その聞き方も後述しているので安心してください）。

思春期の中学生は聞いてもしゃべってくれないかもしれませんが、想像してみるだけでいいんです。

親が不安なように、子どもも不安を抱えています。

「自分はこのまま学校に行けないのかな？」

「学校に来ない自分を先生や友だちはどう思ってるだろう」

「こんな自分はお母さん、お父さんにとって残念な存在だろうな」

「お母さん、お父さんに見捨てられたらどうしたらいいんだろう」

これらの感情を子どもはどう処理していいかわからなくなり、どんどん苦しくなっていきます。

子どもによっては、ただただ困ってしまう子もいれば、自信をなくしていく子もいます。人にぶつける子もいるでしょう。そして、ぶつけたことで自分をさらにマイナスに落としていく。

思春期の子なら、親とケンカになってしまうかもしれません。

でも、我慢されるよりそのほうがずっといい。少なくとも子どもの感情を外に吐き出させてあげることができるのですから。

小さな心と体にいろいろな**不安を抱えていると、それだけで心も体も疲れていってしまいます。エネルギーが枯れてしまうんです。**

そんな子どもに親がしてあげられること。

それは、**親が子どもの気持ちを「そうだったんだ」と受け容れてあげる**ことです。

そして、その気持ちに**寄り添ってあげる**ことです。

そうすれば、**きっと子どもは不安から解放されていきます。**

では、どうやって？　その方法もあとで詳しくご紹介します。

ここでも、「学校に行けない」子どもを否定するのではなく、子どもの気持ちや感情を受け容れることが大事だということを、理解しておいてくださいね。

子どもが不登校であることを「受け容れ」よう

最後に受け容れたいのは、今、子どもが不登校である、ということです。

似たような言葉で「受け取る」がありますが、「受け取る」と「受け容れる」では段階が違います。

例えば、うちの子は2カ月も学校に行っていない、と起こっている事実自体を見ることが「受け取る」です。

「受け容れる」とは、うちの子は2カ月も学校に行けない状態なんだ、と今の子どもの状態を認めてあげることです。

「受け容れる」の反対は「否定する」です。

うちの子は2カ月も学校に行ってない、これじゃダメだと思って「否定する」のではなく、今そういう状態にいる子なんだな、と思うことが「受け容れる」。

22ページにある「不登校でなぜ苦しむのか？」の答えがここにあります。「不登校を受け容れられないから」です。

子どもの不登校を機に起きた自分の気持ち、子どもの気持ち、出来事、未来の不安、それら全てを受け容れていくことが、「不登校を受け容れる」ということです。

自分の気持ちを受け容れ、子どもの気持ちを受け容れる。

すると、苦しくてたまらなかった**子どもが不登校であること**も受け容れられるようになります。

大丈夫。

親が、子どもの不登校を受け容れると、気持ちが不安定で苦しんでいる**子どもも落ち着きます。**

ものの見方を変える

カウンセリングをしていると、ほとんどの方が「どうしたら学校に行けるようになりますか？」と聞いてこられます。

そのときに僕が最初に返す言葉は決まっています。

「学校に行かないといけないんですか？」

僕も行ってほしいと思っているので、これはわざと言うんですが、子どもが不登校であることを受け容れられていない親御さんは、そのときハッとなさいます。

「学校に行かなくてもいいんですか」と。

そこで初めて**「学校に行く」以外の選択肢があるということに気づく**のです。

それがいいかどうかは別です。人それぞれ価値観があるので。僕自身、一概に学校に行かなくていいとは思っていないし、そう言いたくありません。
でも、学校に行くことが全てだと信じている人からすると、僕の問いかけに面食らってしまうんですね。

親は誰でも子どもに幸せな人生を送ってほしいと思っています。でも――

人間関係がしんどいのに無理やり学校に行って、残りの学校生活をずっとしんどい中にいることが、本当に子どもの未来の幸せにつながるでしょうか。
学校の授業がわからない、理解できなくてつらいのに、学校に行くたびに勉強が嫌いになって、一生勉強なんかするか！　となっていくことは本当に子どもの未来の幸せでしょうか。

今、学校に行くことが、子どもの未来の幸せのために本当にいいことでしょうか。
そう言うと、たいていの親御さんたちは「あっ！」と気づかれます。

それは僕が「**子どもの未来の幸せのために**」とつけたからです。

ほとんどの方はそこをすっかり忘れてしまっています。目の前の問題だけしか見えなくなってしまうんです。

だから、僕は「**長期的に見ること**」をおすすめしています。

短期的に見ると学校に「行かせるか」「行かせないか」の二者択一になってしまい、選択肢が限りなく狭まってしまうからです。

ものの見方、考え方次第です。

子どもが不登校になったと嘆くよりも、果たして**今、学校に行くことが本当に子どもの未来の幸せになるんだろうか？　と考えるチャンスを得た**ととらえてみませんか。

再登校だけがゴールじゃない

視点を「目の前」から「未来」へ変えると**選択肢がいろいろあることに気づきます。**

文科省も2019年に「**不登校児童生徒への支援は、『学校に登校する』という結果のみを目標にするのではなく、**児童生徒が自らの進路を主体的にとらえて、**社会的に自立することを目指す**」という通知を出しています。

学校に戻る「再登校」も選択肢の一つですし、ちょっと休憩するのも選択肢の一つです。別のことをしてみる、フリースクールに行く、勉強はとりあえずYouTubeやメタバースなどのオンラインでやろうか、と選択肢がどんどん広がっていきます。

フリースクールとは、公的な機関ではなく、個人・NPO法人・任意団体などが運営する民間の教育機関のことで、学習活動、教育相談、体験活動などの活動を行なっています。その規模や活動内容は多種多様。文科省の2015年の調査によると費用は平均で月3万3000円～となっています。

メタバースとは、オンライン上に構築された仮想空間のこと。近年では、企業や自治体が中心となってメタバースを活用した教育支援を行なうケースが増えています。

カーナビは、現在地とゴール（目的地）を設定しないと稼働しません。

現在地は「うちの子は学校に行けない状態だ」です。

では、ゴールはどこに設定しましょうか？　中学・高校・大学進学？　いい企業への就職？　安定した生活？

それは何のために？

そう、**子どもの未来の幸せのため**でしたよね。**それがゴール**です。

ゴールを設定し直した瞬間、そこへ行くルートは数えきれないほど見つかりますよ。

17ページの質問

不登校はなぜ問題なのだと思いますか?

僕はこう思います

僕も含めて、これまで多くの人は「学校には行くもの」という価値観を持っていました。

でも、今、目の前には、子どもが「学校に行けない」という事実があります。年々、「学校に行けない」子は増える一方です。

今までの価値観では通用しないことが起こっているから、問題ととらえているのです。

それを解決するには、目の前に起こっていることを否定せずに受け容れること。

そして、ものの見方を変えて、新たな価値観を見いだしていくことが鍵になります。

2章

子どもも親も悪くない

質問です

Q あなたは自分のことが好きですか？

（どうしてそう思うのかも書いてみましょう）

＼書き出してみよう／

子どもや自分をダメだと決めつけない

「レジリエンス」という言葉を聞いたことがありますか？

レジリエンスとは「心の耐性」のことです。

そう聞くと、強固で折れない鋼のようなイメージを持たれる方が多いと思いますが、耐性なので、柔軟さ、1回折れそうになったとしてももう1回戻ってくるしなやかさみたいなものがレジリエンスです。

今の子どもたちはそれが低いと言われます。

典型的な例を挙げると、社会人になっても人前で怒られるとすぐ挫折してしまいます。人前で怒られた経験が少ないので。

昔だったら人前で怒るのは当たり前で、一人を怒ることでその人だけではなくほかの人たちにまで警鐘を鳴らしていくというのが教育の手法でした。

でも、今それをやってしまうと、すぐポキッと心が折れてしまう。
怒るときは裏で個別に、という研修があるほどです。
それぐらい耐性がありません。

これは僕の個人的な見解ですが、やはり少子化の影響で、今、親が子どもにかけるエネルギーと時間がすごく増えてきています。そして、**無意識のうちに、子どもにエネルギーもお金も時間も愛情もみんな注いでしまう。**

すると、**子どもが失敗しないように失敗しないようにと、親が「先回り」して状況を整えてあげる機会が自然と増えてしまうんです。**

このサポートが過ぎるのが、いわゆる過保護です。そして、手取り足取りヘルプまでしてしまうのが過干渉。

サポートというのは、手取り足取りではなくて、この手を使うといいよ、足を使うといいよ、というところまでであるのに対し、ヘルプは子どもの手を摑《つか》んでこうですよ、足を摑んでこうですよ、というところまでしてしまう。

過保護はいき過ぎてはいるけれども、まだ子どもに選択する余地があるので、親の愛情の範疇かなと思いますが、過干渉になってくると子どもの意思を無視して、親が決めつけたり強制してしまう。

すると、子どもは自分で選択する力がなくなってくるので、考えられなくなって意見も言えなくなってしまう。

だから、学校とかで何か問題が起きたときにも自分で切り返す力がないので、すぐに親に助けを求めてしまうんです。

過保護、過干渉までいかなくても、**親が先回りして状況を整え過ぎてしまうと、子どもは失敗する機会に恵まれなくなっていきます。**

子どもは親の姿を見て学んでいきますが、人ってどうしても他者にはいいところを見せたくなりますよね。親も同じで、つい「いい親」を演じ過ぎてしまう傾向があります。「いい親」になりたい、なろうと一生懸命なゆえに、自分が失敗したり、挫折したりという弱さを子どもに見せない。つまり、隠してしまうと、子どもは親を見て、心が折れたときの立ち直り方が勉強できません。

でも、これはしょうがないことです。

今や社会全体が横並びで失敗する機会がどんどんなくなっているうえに、**親もまた心が折れたときに、どうやって立ち直ったらいいかということを、自分の親から学んでいない**からです。

学んでいなければ、子どもに示すことはできませんよね。

心の耐性がないからといって、子どもがダメなわけでも親がダメなわけでもありません。

今、子どもが何かの影響で心がポキッと折れてしまった。それは決して子どものせいでも、親のせいでもないことを、まずはわかってください。

子育ての責任を負わされ過ぎているお母さん

今の親、特にお母さんがストレスフルなのは、社会構造の問題ではないかと僕は思っています。

昔は親と祖父母、親戚、ご近所が近い存在の共同体として暮らしていたので、育児も分担することができました。

僕はこれを「昭和の育児」と言っているのですが、もともと**子育てはみんなですることが人間の営み**だと思っています。

でも、核家族化が進んだ**今は、親だけで子育てをしなければならない。特にお母さんが全部一人でやらなければならないことが多い。**

子どもや子育てに対する免疫をつけることもなく、突然、母になるという過酷な状況に放り込まれてしまうのですから、**ストレスがたまらないほうがおかしい**ですよね。

しかも、社会構造からして「頼る」ということをまだまだ「よし」としていないので、周囲に頼れない、言えないというお母さんがすごく多いと思います。

そして、それがベースになって、**自分は迷惑な存在だと思ってしまうお母さんが多いんです。**

わかりやすい例を挙げると、アパートとかマンションなどの集合住宅に暮らしていて、子どもが夜泣きをしたときに、隣の人がうるさいとドンドン壁を叩いたり苦情を言ってきたりすることがありますよね。

夜泣きをする子どもは周囲に迷惑をかける、ダメな子。そして、子どもを迷惑な存在にさせている私もダメな親。そう思ってしまいがちです。

ダメだと思うから、子どもをちゃんとさせなきゃ、自分がちゃんとしなきゃ、と思ってしまう。

そうして、いつしか子どもが失敗しないように「先回り」する癖がついてしまうんです。

心が折れやすい、一番しんどい状態というのは「〜してもらえない」とか「〜してくれない」と思っているときです。つまり、被害者意識に陥っている状態です。

自分はダメだ、自分の子はダメだ、と責めていくとしんどくなってしまいますよね。すると人間は防衛本能が発動して、自分を痛めつけないための方法を考えます。

それが**他責にすること**です。

人のせいや環境のせいにして「〜してもらえない」「〜してくれない」と

COLUMN 本当にわかってほしいのは誰ですか？

お母さんが抱える苦しみを一番わかってほしい相手の1位は、パートナーだと言います。

子どもが不登校の場合、自分とパートナーの考え方が違うから、話をしてもいつも平行線でケンカになるという話をよく聞きます。

価値観の相違ですね。このとき、パートナーを「〜してくれない」と責めるのはNGです。

一番シンプルで一番やらなければいけないことは、素直に自分の気持ちを言うことです。「あなたはこの子を学校に行かせたいって言うけど、私は自分がこの子の立場だったら、それはすごく苦しいから、私自身も苦しい気持ちになっている」と。

するとパートナーも言いやすくなって「でも、子どもの未来が心配だと俺は思ってる」「それは私も一緒だよ」と〝一緒〟が見えてきます。

親は子どもの未来の幸せしか考えていないので、ゴールは2人とも一緒。

そこが一致すればちゃんと話し合いができるはずです。

いうふうに思うことで、自分が傷つかなくて済むからです。

でも、**これをやっている状態こそが一番心が折れやすい**。

なぜなら、人はコントロールできないから。だから、すぐに心がポキッと折れてしまうんです。

しかも、人や周囲には迷惑をかけたくないから、誰にも言えないで全部自分で抱え込んでしまう。

なのに、その**がんばりをわかってもらえない、理解してもらえない、認めてもらえない——それが苦しみになっている**。

今のお母さんたちは、子育ての責任を背負わされ過ぎているから苦しいんです。

決してお母さん自身がダメなわけではありません。

親も自分で自分を評価してあげよう

お母さんの心が折れてしまうのは、それだけがんばっている証拠です。

そんなときは、まず**誰かに褒《ほ》めてもらったり、認めてもらうことが特効薬**です。

だから第1には自分のことを理解してくれる環境に身を置くことです（27ページ参照）。団体でも個人でも構いません。子どもが小さいとき、

「子どもは夜泣きして当たり前。お母さん、よくがんばってるね」

そう言われたら、それだけで救いになりますよね。子どものことも自分のこともダメだなんて思わなくて済みます。

でも、ほとんどのお母さんは「がんばってるね」とすら言ってもらえないんです。がんばっていることが当然で、それが日常になっているから。


でも、大丈夫。

人に評価してもらえないのなら、自分で自分を評価してあげればいいんです。

64ページに記入欄があるので、ここ2〜3年で自分ができるようになったこと、がんばったと思えることを書き出してみましょう。

人と比較する必要はありませんよ。自分軸だけで自分と比較していくんです。

家事を効率よくこなせるようになった。
大声で子どもを叱らなくなった。
苦手な人を上手にスルーできるようになった。
肩の力が抜けるようになった。
いい意味で開き直れるようになった。
人のちょっとした優しさに気づけるようになった。

家事を上手に手抜きできるようになったことだって最高の成長です。書き出してみてください。いくつでも構いません。

そうすると、**自分が成長していることにきっと気づく**はずです。

その自分を「偉い」「よくがんばった」と、うんと褒めてあげてください。

僕がカウンセリングなどでよく話すのは「**過去に子育てをしていて一番苦しかったことを思い出してみてください**」ということです。

それこそ、子どもの夜泣きがつらかった、母乳が出なくて落ち込んだ、人見知りが激しくて一緒に買い物に行くだけで疲労困憊だった、食が細くてなかなか食べてくれず泣けてしょうがなかった……数えきれないほどあると思

WORK 2 ここ2～3年で自分ができるようになったことを書き出してみよう

例）1時間かかっていた夕飯作りが30分でできるようになった／お弁当作りの手際がよくなった／大声で子どもを叱らなくなった／肩の力が抜けるようなった…etc.

います。

じゃあ、そのときと比べて今はどうでしょうか。

そのときの苦しみを、今は苦しみとしていないのだとしたらもうその苦しみを乗り越えている、つまり大成長したということです。

でも今、その当時の苦しみよりも大きい苦しみを抱えている……ですか？　それこそ成長してきている証拠です。

そうやって、**自分で自分の成長をしっかり評価してあげましょう。**

「いいお母さん・お父さん」より「成長しているお母さん・お父さん」

核家族化の影響で、子育てに関する情報も身近な人からではなく、本やネットから得るような時代。

個人差が大きくありますとされながらも、寝返りをする平均的な目安は生後6カ月頃、ハイハイは生後8カ月頃などと聞くと、うちの子はいつするかしら？　と気になるのが親心ですよね。

そして、市区町村が実施している乳幼児健診では、体の発育や運動発達、精神の発達などをチェックされます。

集団健診だと、ついよその子の発達が気になり、うちはまだハイハイも上手にできないのに、あの子はもうつかまり立ちしそうだわ……と焦ってしまったり。

知らず知らずのうちに**よその子と比べる**ということをしてしまいがちです。

すると、**子どもの行動一つ一つが、親、特にお母さんの評価、成績のように思える**のではないでしょうか。

うちの4歳になる上の子も1歳児健診のとき、呼ばれたのに行かなかったということがありました。もうそれだけで「集団行動ができないですよ」とチェックされてしまい、むちゃくちゃ腹が立ったことを覚えています。

いやいや、あのタイミングは遊びたかったからだよと言いたかったし、誰かも知らない人に呼ばれたって行かないよ、と思ったり。

でも、乳幼児健診のたびにそういう評価されるということが続いて、実際にチェックされたりしたら、**子どもや自分に「ダメ」というレッテルを貼られた感じ**がしてしまいますよね。

そして、保育園や幼稚園に行くと、先生たちから「食事に時間がかかっています」「お友だちをつくれないみたいです」と評価されてしまう。小学校に行くと、今度はもっとわかりやすい成績表という形で評価されてしまいます。

気がつけば、子どもを自分の評価物のように受け取ってしまいがちになります。

特に、真面目な人、完璧主義の人ほどその傾向が強いようです。

これまで子育てをずっと真面目に、もしくは完璧にがんばってきたのに、子どもに◎ではなくて、○や△、×がついてしまった。

自分はダメな親なんだ、いいお母さん・お父さんじゃないんだ、と思ってしまうかもしれません。

でも、そんなことはありません。

「いいお母さん」「いいお父さん」じゃなくてもいいんです。

今のあなたは過去の自分と比べたら、ずっと成長していることに気がつきましたよね。

「いいお母さん」より「成長しているお母さん」です。お父さんだって同じ。「いいお父さん」より「成長しているお父さん」です。

自分も子どもも人と比べる必要なんてありません。

母乳は出なかったけどミルクで元気に育った、食が細かったけど最近ではおかわりもするようになった、人見知りですぐ泣いていたのに今はちゃんと挨拶《あいさつ》できる……どれもこれもお母さんやお父さんのがんばりの賜物《たまもの》です。

できないこと、できなかったことに目を向けるのではなく、できたことに目を向け、いっぱいいっぱい花丸をあげてください。

私ってなかなかやるじゃん！　と、**たくさん自分を褒めてあげましょう。**

親が自分のことをきちんと評価し、褒められるようになったら、子どもも自然と自分のことをダメだと思わなくなりますよ。

どんなお母さんでも子どもはお母さんが大好き

子どもは、どんなお母さんでも、お母さんのことが大好きです。

こう言うと、今、親子関係で悩んでいる方は、にわかに信じがたいかもしれません。特に子どもが反抗期だったりするとなおさらでしょうか。

妊娠中、お母さんと子どもはへその緒で約280日間（40週間）つながっていて、産まれた後もつながっているという感覚が残っています。母子一体感ですね。これは言い換えると、母と子に存在する絶対的信頼感です。

僕は子どもの目線からの話をよくします。お母さんが苦しんでいる姿を見たときに、子どもはどういうふうに考えるかという話です。

小さい男の子の場合が典型ですが、**お母さんが怒っていると子どもはふざけるんで**

す。お母さんはこれを見て「ふざけるんじゃない」と怒るんですが、**実はこれ、子どもはお母さんを笑わせようとしているんですよね**。方法として、ふざけるという選択が戦略ミスなんですが。

でも、子どもがやろうとしていることは、お母さんを笑わせようということ。

つまり、空気をよくしようとしている。そうやってお母さんが大好きという気持ちを表現するんです。

また、もう一方で――これは心理学とかではなく僕の個人的見解ですが――このときの子どもは、お母さんをわざと怒らせようともしてくれているんです。

なぜかと言うと、**お母さんが苦しんでいるのを見て、子どもは本能としてそれを解放してあげたいと思っている**からだと僕は思っています。

だからお母さんが怒りをためていると、怒らせるようなことをわざとするんです、いいタイミングで。

そして、お母さんに「ふざけるんじゃない」と言わせてあげる。すると、そう言えたことでお母さんはスッキリしますよね。

子どもは怒られて痛みを受けるんですが、自分がその痛みの対象になることでお母さんを解放させてあげているんです。

これが、**お母さんのことを大好きな証拠**です。

「大好き」の表現方法として思い浮かべるのは、普通にそう口に出して言う、ハグ、笑顔などが一般的ですが、**本当の愛というのは相手を心地よくさせて喜びに持っていくこと**です。

だから、自分が犠牲になるというのも愛です。自己犠牲ということを、子どもは平気でできるんです。

COLUMN

子どもがいてよかったことを思い出してみよう

もしも、子どもがいることで私はすごく苦しんでいると思っている場合は、子どもがいてよかったことを思い出してみてください。

生まれた瞬間、どう感じましたか？

初めて抱っこしたとき、あなたを見てニコッと笑ってくれたとき、初めてあなたを呼んでくれたとき……いろいろな回想が浮かんでくると思います。

そして、どれもこれもすごく幸せだったことを思い出しませんか。

それを子どもに伝えてあげてください。

「あなたがいるだけでお母さん幸せだよ」

それが子どもが一番欲しいものです。

それがあれば子どもは何でもできる。

子どもの究極のパワーチャージは、お母さんが存在を認めてくれること、お母さんの喜びになっているとわかることです。

何をしなくても生きているだけでいい、お母さんの喜びになれたということが、本当の意味で子どもが自分を支える軸になります。

お母さんのことが大好きだから。

この話をするとたいていのお母さんは泣かれます、そんな視点はなかったと。本当にそうだって愛を感じたから泣けてくるんですね。

まさにパラダイムシフトポイント――これまでの概念（パラダイム）がシフト（移行）する瞬間――ものの見方が変わる瞬間です。

なんだか**よくわからない子どもの行動も、実は親への愛からやっていることがほとんど**です。これは、お父さんに対しても同じ。このことを知れば、きっとますます、子どもが愛おしくなることでしょう。

お母さん、お父さんは1章で、**自分の中にある愛に気づけましたよ**ね。そして、今、同じように**子どもの中にある愛に気づけました**。

すると、**全てのことが解消し始めます**。なぜなら、全ての元は愛だから。

きっと、子どもとの関係性も解決していきますよ。

「その気の法則」で子どもをパワーチャージ

人間には本能が2つあります。

一つは人の喜びになること。もう一つは自分の身を守ること（自己防衛本能）。

親が喜んであげることは、子どものその本能を呼び覚ますということです。

例えば、小学校低学年くらいの子どもがお母さんの絵を描いてくれたとします。その顔が怒っていたら「なんで？」と思うでしょうが、「お母さんのこと描いてくれてありがとうね」と喜んであげたら、子どもは次に笑顔のお母さんを描いてくれます。

お母さんが喜んでくれてうれしかったから。笑顔がわかったんです。

子どもはただありのままを描いているだけです。お母さんがいつも怒っていたら怒っている顔を描くし、笑顔で喜んでくれたら笑顔を描く。

それくらい素直で本能的なのが、子どもです。

だから、お母さんもお父さんも子どもの喜びになってあげましょう。

子どもが喜ばせようとしていることに目を向けて、喜んであげるだけでOKです。

今まで洗濯物を自分で片づけなかった子が洗濯物を入れるようになったら、「わぁ、自分で入れられるようになったんだ。お母さんすごく楽になったわ！」と言ってあげるだけで、子どもは「お母さん、喜んでくれた！」となるじゃないですか。

僕はこれを「**その気の法則**」と呼んでいます。

本当に楽になったかどうかはひとまず置いておいて、子どもが「その気」になるかどうかがポイントです。

日常の中のすでに子どもが自然とやっていること、できるようになったことにこの声かけをたくさんちりばめていくと、**子どもは「自分は生きているだけでお母さんやお父さんの喜びになってるんだ」と気づけます。**

条件とかはいらないんです。何かをしているからではなく「自分は生きているだけで人を幸せにしているんだ」と思えたら、それで十分です。

ちなみに少し本質的な話をすると、この喜びになれていないと思っている子はとても自己肯定感が低いんです。親の期待に沿えない自分はダメなんだ、と。

だから、もし子どもの自己肯定感が低くなっているときには、72ページ下のコラムのような方法で子どもがいてくれてよかったと思うことを伝えてあげてください。子どもが小さかった頃の写真や画像を見せてあげながらでもいいですね。

喜ぶことが苦手な人もいると思いますが、ちょっと意識するだけでも大丈夫です。いつもだったら怒っているシーンで怒らなくなるだけでも、子どもからしたら全然違いますよ。

おすすめは「ありがとう」と言うこと。

何かにつけて枕詞のように「ありがとう」から会話を始めましょう。

すると、口癖になってくるので、本当に「ありがとう」が見つけられるようになってきます。

感謝されて嫌な人はいないので、ちょっと気軽に親が「ありがとね」と言うところからスタートすると、**子どもも聞く耳を持ってくれるようになる**し、お互いが「ありがとう」にフォーカスできるようになります。

これは**誰でも、どんな状態、どんな状況の人でもできる**ことだと思います。

「ありがとう」に集中できたら、自分をダメだと思っている子どもも親も、自分で自分を否定することがなくなります。なんだか自分を被害者だと思っていた気持ちがなくなって、完全に当事者意識に変わります。

「当たり前」の反対が「有《あ》り難《がた》く」です。

例えば、子どもがお弁当箱をキッチンに持ってきて出したとします。お弁当を作ってあげたんだし、出すくらい当たり前でしょとお母さんが思ったら「ありがとう」は出てきませんが、とりあえずお弁当箱を出してくれたことに対して「ありがとね」と言うだけで、子どもは多分「いやいや、こっちこそ弁当作ってくれてありがとうだよ」みたいな気持ちになります。口に出して言わないまでも、気づくんですね。

喜ぶことが苦手な人は、まず「ありがとう」からスタートしてみるというのが、意識して、すぐにできること。

子どもを「その気」にさせるんです。

「ありがとう」と言われた数の分だけ、子どもは幸せになっていき、自信がついていきます。

それくらい「ありがとう」には人を変える力があって、本来の自分に戻っていくように、人に喜ばれたいという本能が呼び覚まされます。

ほかにも、日本人はなかなか言いませんが「**うれしい**」「**幸せ**」もいいですよ。

僕は4歳のうちの子に「**感動した**」とよく言います。「パパ、感動したわー」と言うと、子どもがめちゃくちゃうれしそうになるからです。

「ありがとう、おかわりしてくれて。上手に作れたみたいでうれしいな」
「みんなでごはん一緒に食べられて幸せだなぁ」
「スニーカーが小さくなったの？　成長してるんだねぇ、お母さん感動！」

親が喜んでいるとわかるような表現方法をとると、子どもとしてもわかりやすいと思います。

すると、学校に行けない自分はダメな人間なんだ、と**自分を責めていた子どもの自己肯定感もどんどんアップ**していきます。

親がご機嫌でいると子どもは喜ぶ

子どもが一番喜ぶこと、それは親がご機嫌でいることです。

いやいや、子どもが学校に行けないときに、それは無理でしょと思われるかもしれませんね。

でも、考えてみてください。

子どものことを考えると心配でたまらないし、不安だし、苦しいし……自然と不機嫌になっていませんか。笑えない、食も進まない、気づいたらいつも眉間にシワが寄っていて、出てくるのはため息ばかり。

そんな状態は周囲にも感染します。当たり前ですよね、目の前でブスッとされたら気分がよくなるはずもなく、こちらも不機嫌になってしまいます。

だからこそ、まず、不機嫌になりがちなこの状態を脱することが大事です。

そのためには**一度子どものことを横に置いておいて、自分のことだけにフォーカスするんです。**

ご機嫌もまた、感染します。お母さん・お父さんがご機嫌になっていくと、自己肯定感が上がっていきます。お母さん・お父さんの自己肯定感が上がっていくと、子どもの自己肯定感も上がっていきます。

今の状況や状態でどうしていいかわからないときこそ、親がご機嫌になることで突破口が見つかります。

僕の大好きな作家で小林正観《せいかん》さんという方がいらっしゃいます。正観さんのお話で「お母さんが子どもに向き合おうとすればするほど、子どもの前に立ちはだかることになって、子どもは前に進めないんだ」というのがあって、僕も経験則的にそうだなとすごく思ったことがあります。

ちょっとイメージしてみてください。向かい合うって、お互いに相手を正面にして体も顔も相手に向ける感じですよね。でも、これをし過ぎると、相手の前に立ちはだかることにもなって、お互いに前に進むことはできません。

子どもは親の背中を見て育つ、とよく言いますが、本当にそのとおりで、背中を見せてあげる――お母さん・お父さんが前を向いて進み、子どもも前を向いて進む――と、子どももこうやって行けばいいんだとわかるから、一緒に前に進んでいけるよ、ということなんです。

では、どうやってご機嫌になればいいのでしょう?

一番簡単なのは、**お母さん・お父さんが好きなことをする**ことです。

本当はやりたいんだけど我慢していることはないですか。

やりたいことが思い浮かばなければ、昔好きだったけれど最近できていないことかを思い出してください。

ご機嫌になるには、まずパートナーが変わってくれないと……と思う人もいるかもしれませんが、その条件をつけてしまうとご機嫌にはなれないので、**自分自身でできること、自己完結できることがポイント**です。

おいしいコーヒーを自分のために入れる。

カフェでランチを楽しむ。

女子会や飲み会に行く。

一人カラオケで熱唱する。

自分の布団を干す。

中断していた趣味を再開する。

推し活を始めてみる。


シンプルでやりやすいことほどいいですね。

いつもは家族のために自分のことをつい後回しにしがちなお母さん・お父さんほど、**自分のために時間やお金、エネルギーを使って**みてください。

きっと気分よく過ごせるはずです。


これは、カウンセリングに来られた方の話ですが、子どもが不登校になって4カ月くらいになっていて、ちょっとこれは長期戦になりそうだというタイミングで相談してくださったことがあります。

そのお母さんに「昔好きだったけど最近できていないこととか、本当はやりたいんだけど我慢してることはありませんか？」と尋ねたら「昔、手芸教室をやっていたので、また手芸をやりたいと思っていました」という答えが返ってきました。

そこで「じゃあ、次のカウンセリングまでに手芸をやってください」と再開してもらったんです。

すると、それまで外に出られなかった子どもが「友だちに会いに行く」と出かけるようになったというんです。

こういうことはすぐ起こることで、ほかにもいっぱい似たような話を聞きます。

一方で、**子どもが不登校になって親が仕事を辞めるというケース**もよくあります。子育てはお母さん・お父さんでしているとはいえ、現状ではお母さんが仕事を辞める家庭が多いと思います。

仕事を辞めると家でどっぷり子どもと一緒にいることになりますね。一定期間、お互いに満たされていくのはいいのですが、それを超えてしまうと今度は子どもが外に出づらくなってしまいます。お母さんを家に残しておけないからです。

なので、僕がよく言っているのは「**一時的に辞めることは大賛成ですが、お母さんが働きたいんだったら、絶対働いているほうがいい**ですよ」ということです。

働いているほうが気が紛れますし、何かの、誰かの役に立ったと喜びを感じられる人は働いているほうがご機嫌になるからです。

あぁ、疲れた～、でもお客様が喜んでくれてよかったな、とか。

仕事は忙しくて疲れたけど、お昼休みに女子トークが盛り上がって楽しかったわ、とか。

その姿で家に帰ってくると、子どもも自然と学校に行きたくなるんです。

お母さんが外を、社会をご機嫌で楽しんでいるからです。

反対に、お母さんが「あなたのために仕事を休んだのよ」となってしまうと、お母さんの喜びになりたいという子どもの気持ちと逆行します。

自分がお母さんを苦しめていると受け取ることもあり、逆効果になるので厳禁です。

僕のカウンセリングを受けているお母さんの中には、自分のためにお金を使っちゃいけないと思っている人が多いです。

確かに節約は大事ですよね。

でも、例えば家族で食事に行ったとき、本当はカツ丼が食べたいんだけど、安いカレーライスにしてしまうこと、ありませんか。

カフェに行って、本当はキャラメルマキアートが飲みたいんだけど、高いからアイスコーヒーでいいや、とか。

その一つ一つの我慢が自分を狭め、苦しめているとしたら……。

しかも、その**我慢に「子どものために」がついてしまったりするとストレスはたまっていくばかり**。

ご機嫌とはかけ離れてしまいます。

そんなときに子どもがカツ丼を頼むと、わがままを見せられているようで腹が立ちますよね。お母さんはカレーで我慢してるのに！　と。

でも、子どもの側からすると「そんなこと頼んでねぇし」なんです。

だから、お母さんも思い切ってカツ丼にいってください。そうすると、誰も苦しみません。

親が我慢しないこと、好きなことをすること、自分を大切にすること、ご機嫌でいること、全てが子どもの喜びになります。

53ページの質問

あなたは自分のことが好きですか？

僕はこう思います

「嫌いです」「好きじゃない」と書いてしまったお母さん・お父さん、安心してください。

まずは、そんな自分も受け容れることから始めてみましょう。

この章を読んで、自分のことを肯定できる要素がたくさん見つかったんじゃないでしょうか。

それでも、今の自分には100点中40点しかあげられないというお母さん・お父さんは、見方を変えれば、あと60点伸びるということです。60点の人はあと40点、80点の人はあと20点、それぞれ伸びしろがあるということ。

まずは自分で自分のことを好きになっていきましょう。

3章

学校に行けない子どもとの向き合い方

質問です

Q 子どもとの信頼関係はありますか?

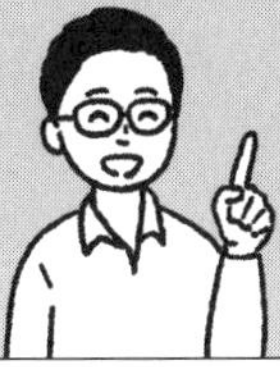

\ 書き出してみよう /

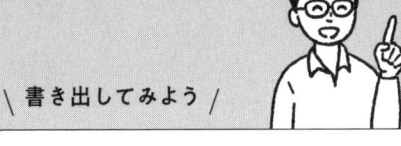

子どもの年齢によって、対処法は違うの？

子どもが**思春期なのか、思春期じゃないのか、は子どもと向き合うときの大きな分かれ目**になります。思春期が始まるのは、おおむね小学校高学年から中学生です。不登校のメインを占めているのは、数字的に見ると中学生です。最近は年齢が下がってきて、小学校低学年くらいでも不登校になる子はいますが、学校に行けないほとんどの子は中学生です。

中学生といったら、思春期真っ只中です。そもそも心の状態が不安定なところに、前述のレジリエンス（心の耐性）が低いことが相まって、ポキッと心が折れてしまっている状態です。まずはそのことを頭の中に入れておいてください。

親は、もともと**子どもが小さい頃からその子の性格を見ながらコミュニケーション**

をとっているると思います。

そして、日々の忙しさに追われて、学校に行かせる、宿題をやらせる、などの取り組みもパターン化していきます。

「指示、命令、小言」というパターンになっていくんですね。

小学校低学年ぐらいまでの子どもとのつき合い方というのは、基本的に、

「7時45分に家を出て学校に行くよ」

「準備できてる？」

「今日は雨降りそうだから傘持っていきなさい」

「このあいだも持っていかなくてビショビショに濡れて帰ってきたでしょ」

というような感じで、指示、命令、小言になります。

そのときは、これがベストなコミュニケーション方法かもしれません。

でも、子どもは成長していきます。

自立していって自分でできることは自分でするようになっていくのに、親の指示、

命令、小言というスタンスは変わりません。親から見たら子どもはずっと子どもだからです。

子どもは成長して思春期に入っているのに、親は同じスタンスで指示、命令、小言を言ってしまう。

すると、子どもは自我が芽生えて形成されてくるので、「ウザい」と思います。今まではそれで恩恵を受けてきたにもかかわらず、**子どもは自我が芽生えてくると「それはいらない」「指示するんじゃねぇよ」と思う**んです。

そこで反抗期というやつに突入していって、反発するようになってしまいます。

親は「うちの子、なんだかすごく変わってしまった」となるんですが、実は子どもはそれ以前から変わっているんです。

思春期の時期、特に思春期以降は、親が全く悪気のない、今までと同じようなコミュニケーション方法をとっていることが、実は知らないうちに子どもとの信頼関係を損ねている可能性があります。

ちなみに、この「指示、命令、小言」が55ページで述べた「先回り」です。

子どもの自我が形成されていく中で、親がちょっと邪魔者になっていくという期間が思春期です。

健全な自我の形成は親を疑うところからスタートするので、子どもは親が言ってきたことが本当にそうなのか、と疑うようになってきます。

それは、**子どもが精神的に自立していくために必要**なこと。

これまでお母さん・お父さんの影響下で大事に守られてきた子どもが、親は親、自分は自分、という**別の人格を生き始める**第一歩です。

そんなの寂しい、子どもロスになると拒否してしまうと過干渉になるので、お母さんやお父さんは子どもの健全な成長を喜んであげてください。**一人の人と人としてつき合える次のステージ**に入った、ととらえるとワクワク楽しみになってきますよ。

老子の格言で「授人以魚不如授人以漁」という言葉があります。

「飢えている人がいるときに、魚を与えるか、魚の釣り方を教えるか」という意味で、「人に魚を与えれば一日で食べてしまうが、釣り方を教えれば一生食べていける」という考え方です。

子どもに魚を与え続けるのではなく、子どもが自分で魚を釣れるようにしてあげること。これが親子の理想的な自立の形ではないでしょうか。

でも、**このときに、子どもの成長に気づかずにずっと今までのコミュニケーション方法を続けていくと、子どもは話さなくなります。**そして、親との距離も開いてしまいます。

すると、親は「子どもが相談してくれない」となるんですが、子どもにしてみたら、相談したり、話したら自分が不利になると思っているからです。

不利になるというのは、傷つく、嫌な思いをするということですが、それを子どもたちは一言で「めんどくさい」と表現します。

傷つく、嫌な思いをする、というのは、「自分が」だけではありません。親も傷つけてしまうことを子どもは本能的に知っているからです。

土台は親子の信頼関係

子どもとのコミュニケーションがうまくいっていない場合は、**信頼関係が低くなっているかもしれないと疑ってみること**が大事です。

絶対に変わらないのは、親は子どものためを思って接しているということ。

でも、その接し方を今の子どもの心が求めているか、がポイントになってきます。

では、**どうしたら信頼関係が構築できるのか**。

まず、**子どもは自立した一人の人間、自分も自立した人間**、と思ってみることです。

そして、**話を聞くこと。子どもの存在を尊重してあげる**ということです。

自分の気持ちと思いを受け取ってもらっていないというのが、シンプルに「わかってもらえない」の正体です。夫婦関係、パートナーシップも同じですよね。

だから、**気持ちと思いをよく聞いてあげる**。

それが親に理解できるかどうかは別問題です。親子といえど人格は違うので。

ただ、聞いてあげると、子どもはわかってもらえたな、受け取ってもらえたな、となるんです。

すると、子どもの親に対する信頼が回復していきます。

そして、お母さんやお父さんは僕の、私の話を聞いてくれるから、お母さんやお父さんの話も聞いてやってもいいか、となり、やっと対等な関係性になってくるんです。

大切なのは、途中で話を遮《さえぎ》らず、最後までしっかり聞いてあげることです。

言葉にするのが苦手な子の場合、聞いているうちにもどかしくなって「こういうこと?」と口を出して「先回り」しそうになってしまうかもしれません。

僕はカウンセラーになる前に、塾講師を20年ほどしていたんですが、三者面談をしていると、こういうケースがよくありました。

僕が子どもに「行きたい学校とかあるの？」と聞くと、親御さんが「この子はこういうタイプなので、ここともこの学校がいいと思うんですよね」と答える。

「今、勉強で苦手なことある？」と聞くと、やはり親御さんが「この子は国語が苦手で」と答えてしまう。

「いや、ちょっと待ってください。お子さんに聞いているんです」と何度言ったことか。

親御さんたちがやってしまいがちな典型的「先回り」です。

気持ちはわかりますが、そこはぐっと我慢。「**先回り**」**厳禁**です。

CHECK **子どもとの信頼関係ありますか?**

子どもの様子に当てはまるものに☑をしてみましょう。

- □ **いちいち言い返してくる**
- □ **最近、口数が減ってきた**
- □ **しゃべらないで部屋に閉じこもってしまう**
- □ **ゲームばかりしている**

下のほうにチェックがつくほど要注意!

また、ありがちなのが、子どもの話を聞いているうちに、ついつい**アドバイス**してしまったり、「お母さん（お父さん）の頃は～」と**お説教や苦労談**になることです。**これも禁物。**

そうなってしまうと、ますます子どもは話したって聞いてくれない、お母さんもお父さんもこっちの話に耳を貸そうともしない、となってしまいます。

これでは、信頼関係を回復するどころか、ますます損なっていくばかりです。

少し話が脱線しますが、僕には自分の中の名言（自分で言うのもお恥ずかしいですが）というのがあって、その一つが「人にすることは、未来の自分へのプレゼント」です。

要するに、自分が話を聞いてほしいんだったら、先に自分が話を聞いてあげるんです。**自分が口を挟むということは、自分も口を挟まれるということ**なんですね。

だから、自分が未来のプレゼントを欲しければ、先に相手にプレゼントしてあげると、その未来がやってくるよということです。

親が子どもの話を途中で遮らずに最後まで聞いてあげると、子どももそれをマネします。聞いてもらうとこんなに気持ちいいんだ、と気づくからです。

そして、親の話も聞いてくれるようになります。

76ページの「ありがとう」も同じ。お母さんやお父さんが「ありがとう」と言うと、子どもも「ありがとう」と言ってくれるようになってきます。

話を最後まで聞くことは、気持ちに寄り添うこと

子どもの話を最後まで十分に聞いてあげるということは、子どもの気持ちと思いに寄り添ってあげるということです。これは、思春期の子も、小さい子も同じです。**信頼関係を回復する、高めるために話を聞くことのゴールは、子どもの気持ちと思いに寄り添うことにあります。**

例えば、子どもが不機嫌そうにしているとします。

そんなときは「何かあったの？」と聞いてみましょう。そして、子どもが気持ちを表す言葉になるまで話を聞くんです。人が表現したい本音は気持ちだからです。

子どもから気持ちが出てこない場合——本当は会話の中で自然に言ってくれるのがベストですが——小さくてなかなか気持ちを言語化できなかったり、思春期で言いづらくなっているときは「どんな気持ちだった？」と聞いてみるのもいいでしょう。

もし、それでも出てこなかったら「つらかった?」「しんどかった?」と代弁してあげるのも、気持ちに寄り添ったことになります。

すると、**子どもは気持ちと思いに寄り添ってくれた親に対して、自分を受け容れてくれていると信頼を高め、本音が言えるようになったり、相談してくれるようになります。**

聞き方のポイントは「共感」と「オウム返し」です。

共感とは、同じ気持ちになることではなく、そんな気持ちだったんだね、と**感情をとらえてあげること**です。簡単な言葉で「そうだよね」と言うだけで受け取ったよというメッセージになります。

「オウム返し」も同じ。子どもが使った思いや感情を表す言葉を繰り返すことで、**伝わっているよ**というメッセージになるからです。

最初から上手にできないかもしれませんが、親子の信頼関係回復のため、根気よく

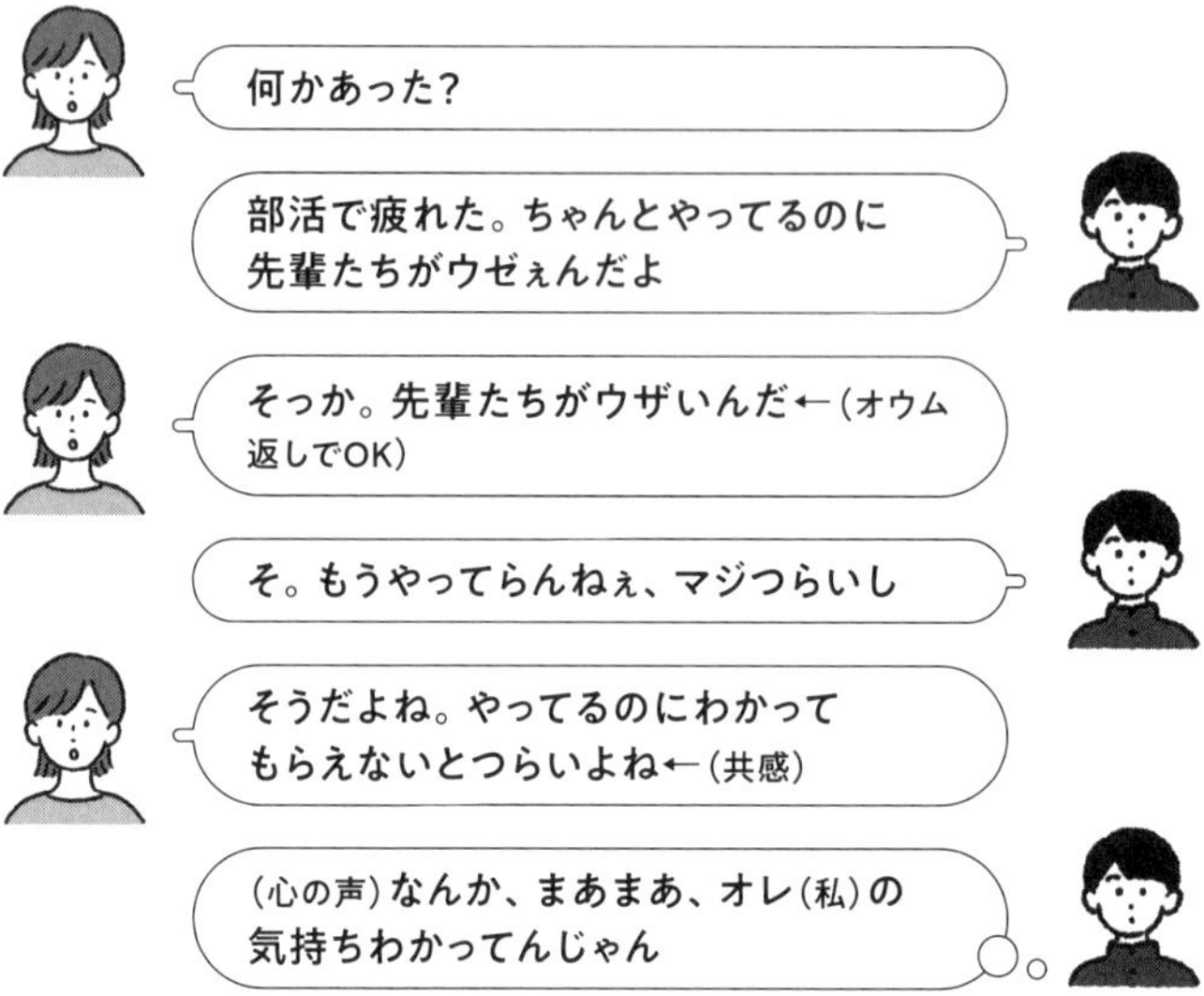
何かあった？
部活で疲れた。ちゃんとやってるのに先輩たちがウゼぇんだよ
そっか。先輩たちがウザいんだ←（オウム返しでOK）
そ。もうやってらんねぇ、マジつらいし
そうだよね。やってるのにわかってもらえないとつらいよね←（共感）
（心の声）なんか、まあまあ、オレ（私）の気持ちわかってんじゃん

取り組んでみてください。

でも、ちゃんと話を聞いて、気持ちに寄り添ってあげられたかな？　と不安になることもあると思います。

そんなとき、確認する方法があります。**子どものリアクションの中に「S」がいくつあるか**、です。

子どもから「そうそう」「そうなの」「それそれ」など、「そ」＝「S」を使った言葉が出てきたら、子どもが親にわかってもらえた、受け容れてもらえたと思った証拠です。

子どもからの「S」をいっぱい集めてください。

「今日は休みたい」子どもの行き渋りが増えてきたら？

僕は基本的に、**不登校は心の休息期間**だと思っています。

休む期間なので、子どもは学校に行ったり行かなかったりします。

ちょっと自分の子ども時代を思い出してみてください。学校に行くときってすごくエネルギーを使いませんでしたか。

もっと寝ていたいのに遅刻するよと起こされて、遊びたいのに重いランドセルを背負って、誰が決めたんだかわからない時間に間に合うように登校して、教室に入った途端によく知らないほかの子たちが騒いでいる声が耳に響いてくる。

それだけですごくエネルギーを使いましたよね。

悪天候の日なんて、学校に着いた途端、もうヘトヘトです。

今の子も同じです。**エネルギーが枯れてしまう**んです。そこで休息するために休んで、回復したらまた行くということを繰り返す。

こうやって休息期間だと考えてみると、学校に行かない理由が本当に子どもにはわからないことが多くて、「なんかしんどい」「なんかめんどくさい」となるんですが、これは要するに「心が疲れている」という意思表示です。

子どもが小さいほど心と体は直結しているので、登校時間になるとお腹が痛くなるというような不調が本当に体に表れることもあります。

そして、学校を休むと治ったりするので「仮病では？」と思いがちですが、体が心を代弁しているんですね。

でも、**回復したらなんだかまたがんばれてしまう。がんばったら燃え尽きてしまう。この繰り返し**です。

人間関係に行き詰まっている場合は、人と向き合うことにエネルギーをすごく使うので、そこに運動会とか合唱コンクールとか人としか向き合わないことがあったりすると激疲れして、そこから完全に不登校になってしまうこともあります。

勉強に対してエネルギーが必要な子は、もう毎日の授業だけでエネルギーが枯れてしまいます。なのに宿題はあるわ、塾まで通わせられるわ、となったら地獄でしかありません。

子どもが何に対してエネルギーを使っているのか、はそれぞれです。

いずれにしろ、休息して回復したら大丈夫。また復活します。

その**休息する期間が1日の子もいれば3日の子もいる。5年、10年の子もいます。だから、行きたくない理由を聞いたところで回復しなければ行かない、行けない**んですね。

「休みたい」という気持ちは、子どもだけでなく、親にもあるものです。

いつもはがんばれる大変な仕事も今日はちょっとしんどいなぁとか、普段は向き合える苦手な人や上司でも今日はちょっと会いたくないなぁ、コミュニケーションをとれる自信がないなぁとか。

そういうときは、大人でも休みたくなりますよね。
それは疲れてしまっている、エネルギー切れになっているということです。

子どもも同じ。子どもが「学校に行きたくない」というときは、エネルギーが切れてしまっているときです。

でも、お母さんやお父さんがすごくがんばり屋さんだったり、真面目だったりすると、自分が休みたいと思っても無理して仕事に行っちゃったりしますよね。これぐらいのことで、と自分を奮い立たせて。
そうすると「休みたい」と言っている子どもを目の前にしても、そんなことでどうするの⁉　と共感できなかったり、ついつい子どもの気持ちを無視して行かせようとしてしまいがちです。
自分と同じフィルターを通して、子どもを見ているからですね。

でも、子どもの世界を想像してみてください。

学校の中で実際にどんなことが起こっているか親にはわかりません。子どもも全て本当のことを言うとは限らないし、先生からの報告は学校生活のごく一部。

子どもにも、親に言えないことがいろいろあって当然です。

登校時から校門の前に苦手な子たちが集まっているかもしれません。そこを通過したら、今度は厳しい生徒指導の先生が立っているかもしれません。教室に行こうと思ったら、昨日ケンカした子がいるかもしれないし、もうちょっと先に進んだら一昨日告白してフラれた子が座っているかもしれない。しかも、1時間目は嫌いな国語で、今日あたり苦手な音読の順番が回ってくるかも……。

このように、**いろいろな問題が子どもたちには常にあって、不安定極まりない**んです。

一つ一つの問題だったら、一晩寝て回復したエネルギーで向き合うこともできますが、問題が重なったときとか、すごく強烈な不安に襲われるような出来事があったときは、もう本当にエネルギーがすっからかんになって、ちょっと今日は行けない……となってしまいます。

行けないというのは、その対応ができないということです。

だから、**子どもは学校を休むことでパワーチャージしようとしているん**です。

体を休めるように心も休めていく。

不登校は、心の休息期間です。

もし、子どもが「今日は学校休みたい」と言ったら、「なんで？」と理由を聞く前に「今日休みたいんだね」と、まずはその気持ちを感じてあげてください。

学校に行きたくない理由は聞かないほうがいい？

子どもが行き渋りになると、大人は理由を知りたいので、「なんで？」「どうして？」と最初に理由を聞いてしまいがちです。

でも、実際のところ、子どもは自分でもわかっていないケースが多くて「なんか嫌だから」「なんか怖いから」と言いがちなんですが、そこにあるのは理由ではなくて、ただただ嫌、怖いという印象だけだったりします。

親がわかっておきたいのは、**子どもは具体的に話せない**ということです。小さい子ほど語《ご》彙《い》力はなく、今自分に起こっている問題を言語化することができません。

親は何かしら納得したいので、そして理由がわかれば解決できるかもしれないと思って、原因追及とばかり問い詰めがちですが、うまく説明することができない子どもにしてみれば、尋問されているような気持ちになります。

そして、ちゃんと説明できない自分、親を困らせてしまう自分をダメだと思ってしまい、自分を責めてしまうことすらあります。

だから、ここでも**大事なことは「理由」ではなく、「子どもの気持ち」を聞くこと。**
これが**信頼をつくっていく聞き方**です。

子どもの答えが「なんか嫌なの」だったら、「そうか、嫌なんだ。校門のところから嫌なの？」と、嫌という気持ちに共感し、寄り添ってあげる。

すると段階的に、「どうして嫌な気持ちになったのかな？」と聞けるようになるので、「そんなことがあったから嫌な気持ちになったんだね」と受け取ってあげる。

理由が何なのかというのは正直どうでもよくて、大事なのは、子どもが言った気持ちや思いをちゃんと受け取ってあげるということ。
そうすると、子どもはわかってもらえたんだとなって本音を言おうという気持ちになってきます。

親子の信頼関係が築けるからですね。

これを子どもが行き渋りだした初期の頃にやって、続けていくと、子どもはお母さん・お父さんはわかってくれるとなって、相談してくれるようにもなってきます。

また、親が話を聞こうとすると、**特に小学生の子はとっさにウソをつくことがあります。**

本当のことを言ったら親にどう思われるか怖いからです。

親を怒らせたり、傷つけてしまうかもしれないし、自分が傷つくかもしれない。だから、親が納得するであろう、誰も傷つかない答えを口にする。

それがウソになってしまいます。

あと、理由がたくさんありすぎて本当にわからないという場合もあるかもしれません。前述したように問題がいろいろあって、これもそれも全部関係しているときは、説明が面倒くさいので適当なウソで誤魔化す、とか。

そうやってウソをついたときに、それが通ってしまったら――親が見逃してしまったり、そのまま受け容れてしまったりすると、ずっとウソをつき続けるんじゃないでしょうか、という問いもよくいただきますが、信頼関係があれば子どもはウソをつきません。

土台は信頼関係というのは、そういうことです。

信頼関係がないから、ウソをつかなきゃいけない状況になっている。そういうコミュニケーションになってしまっているからです。

この場合は、まず**親がご機嫌になることから始める**のがベストです。ウソをついてしまう状況に陥っている子どもと真正面から向き合ってコミュニケーションをとろうと必死になるより、**今の状態を脱することが大事**だからです。

ウソに関して言うと、思春期になると、またややこしくなってきます。自我が芽生えているので「わかってほしくない」というのが入ってくるからです。

俺（私）のことをあんたにわかられてたまるかよ、と。

でも、自然なことですが、親はわかっちゃうんですよね、生まれたときからその子を見てきているんですから。そして、ズバッと見抜いてしまう。それがまた図星だったりするので、子どもは腹が立ってきて本当のことを言わなくなってウソをつくというケースもあります。

こんなときに、どんな気持ちなのかと聞いても子どもは言いません。

だから、お母さんやお父さんがウソだと気がついても言わないであげてください。

あえて、**思春期の時期は泳がせておく。それもまた大切なことです。**

もし質問するとしたら「何かあったの？」「しんどいの？」という感じで聞いてあげるといいですね。

子どもの「できる選択肢を増やす」質問

「学校に行きたくない」と言う子どもに、その理由はわからなくても、できる質問があります。

子どもの「気持ち」を聞き、共感できたことが大前提ですが、子どもの「できる選択肢を増やす」という聞き方です。

それは「どうすれば～」と方法や手段を聞いてあげること。

最初は学校という枠にはまらなくてもいいかもしれません。

「どうすれば、しんどくなくなるかな？」

この質問に、子どもが「人と会わなければしんどくない」と答えたとします。

そこで「人と会わない」という選択肢を一度採用します。

でも、そのしんどいというステージを超えると、子どもは人とつながりたいと思ってきます。孤独を感じてしまうので。

「なんだか寂しくなってきちゃった」

「どうすれば、寂しくなくなるかな？」

「誰かに会ってみたい」

「じゃあ、誰と会うと楽しくなるかな？」

という展開が生まれてきますよね。これが、**できる選択肢を増やしていく**、ということです。


そして、徐々に学校に近づけていく。

ポイントは、感情と結びつけることです。

「どうすれば、学校が安心の場になるかな？」

「どうすれば、学校で楽しく過ごせるかな？」

学校に行かせたいという親御さんの気持ちはわかりますが、いきなり「どうすれば学校に行けるかな？」はＮＧですよ。

学校に行くことに対してピリピリしている子どもからしたら、学校に行くことが前提になっている誘導尋問のように受け取れるからです。

大事なのは子どもの気持ちなので、子どもが学校という場で気持ちが安らぐとか、元気になれる場面があるかどうか。

その**答えが出やすい、つまり、できる選択肢が増えるような聞き方**をしてあげることです。

実際にあった例で、「どうすれば学校で心地よくいられるかな？」と不登校の子に聞いたお母さんがいらっしゃいました。

答えは「保健室だったらリラックスできる」。

「保健室の先生が好きなの？」

「うん、なんか安心できる」

そこで初めて、お母さんは**保健室登校**を提案しました。子どもの気持ちがわかったからですね。

「図書館」「校長室」という子もいるかもしれません。選択肢はいろいろです。

「どうすれば学校で楽しい時間を過ごせそうかな？」

「体育の時間は楽しい」と体育の時間だけ行っている子もいます。

最近の学校は**部分登校**が許されていることが多いので、給食時間や部活だけ行ったり、好きな教科のときだけ時々行くという子もいます。

これも選択肢がたくさんありますよね。

そういう「どうすれば〜」の質問をしていくと、保健室以外は安心の場じゃないんだな、教室に何か原因があるのかな、と不登校の理由がなんとなく見えてきませんか。

でもそれは、親が自分の安心のためにわかっていればいいことです。子どもをさらに追及するのはやめましょう。

「理由」ではなく、「気持ち」が全てです。**人間は気持ちで生きているんですから。**

質問をしたときに、子どもから回答がすぐに出てこなくても焦らないでください。

脳は質問に対して答えを探しにいくという機能があるので、**回答がすぐ出なかったとしても、その問いに対して子どもはずっと答えを探しにいき続けます。**

「わかんない」という答えであっても、焦らずにタイミングを見て繰り返し質問していってください。

あまりしつこくすると、質問自体がウザがられてしまいますが、「うるせぇ」とか言われても大丈夫。

親が一度問いかけたら、そのときすぐ答えられなくても子どもは必ず答えを探しにいきます。

兄弟姉妹がいる場合、ほかの子も不登校になりやすい？

兄弟姉妹がいると、どうしても上の子はロールモデルになるので、**下の子たちも不登校になりやすいという傾向はあります。**

一番上の子は、やはり初めての子だから親に慎重に育てられて、真面目になりやすい。だから、不登校になりやすいというのはあると思います。真面目な子がだいたい不登校になるので。

下の子はなんか嫌だなと思っても、それをかいくぐれる技を持っていたりするので、本来、不登校になりづらいんですが、それでも最近は結構、不登校になっている子も多いというのが実状です。

でも、最近たまたま、上の子は不登校なんですが下の子は普通に行けていますというケースを3件連続で聞きました。

子どもが3人いる家庭で上の子2人が不登校、一番下の子だけが不登校じゃないというケースも聞きます。4人中3人が不登校というのもあって、やっぱり一番下の子だけは学校に行けている。

どうして一番下の子だけ大丈夫なんだろう、と考えてみると、やっぱり上の子を見て、それがしんどいという生き方を見ているから、そうじゃない選択肢をとるのかもしれないと思ったりします。

4番目の子どもともなると、お兄ちゃんお姉ちゃんが面倒をみることも多いし、親もいい意味で肩の力が抜けてくるので、子どもと向き合い過ぎていないからかな、とも思ったり。


いずれにせよ、一人っ子でも、4人きょうだいでも、最初の子というのは親もエネルギーや愛情を子どもに全集中してしまうし、子どももそれを全集中して受けてしまうというしんどさはあるのかもしれませんね。

話を戻します。

上の子が学校に行かなくなると、下の子も行かなくなりやすいのはなぜか。

一つには、下の子が「いいなぁ、学校行かなくて。勉強しなくて。**ずるい！**」と思うから。

また、親がお兄ちゃん（お姉ちゃん）のことばっかり見ている、「**僕（私）のことも見てよ**」という気持ちの表れということもあります。

だから、自分も上の子と同じことをする。

あとは、お母さんお父さん、どういう反応をするのかな？　という**試し**という場合もあります。

自分としては学校に行っても行かなくてもよかったりするんですが、休みたいと言ったらどうなるのかなぁ、1回言ってみようかな、と。

じゃあ、このとき親はどういう対応をすればいいのでしょうか。

親としては、上の子にしたことと違うことを下の子にすると、子どもたちは嫌がるだろうな、と想像すると思います。

同じことをしないと不平等になってしまう、と思いがちで「じゃあ、あなたも休んでいいわよ」と言いたくなってしまいます。

でも、**子どもには一人一人個性があって、それぞれタイプが違う**ので、必ずしも同じことをしなきゃいけないということはありません。

実際、**学校が向いている子もいる**んです。家にずっといないほうがいい子とかもいて、引きこもっちゃうと本当に外に出られなくなってしまうから、そういう子は行けるのであれば、絶対学校に行っていたほうがいい。

それを、子どもたちにもきちんと伝えてあげましょう。

そして、**「平等」ではなく、「公平」**にしてあげてください。

「学校に行かない」という同じ権利を与えるのではなくて、子どもそれぞれの個性に従って対処していくことが「公平」だと僕は思います。

親は基本的に「平等」にしてあげたいから、上の子にしてあげたことを下の子にもしてあげたいと思いますよね。

そして、それが苦しみになってしまっている人も多い。

でも、子どもたちそれぞれの素敵なところをいっぱい言ってあげて、いいセルフイメージを持たせてあげたら、普通に学校に行く下の子もいっぱいいいます。

あと、これは子どもたちから聞いて僕も驚いたケースです。

お兄ちゃんが学校に行けなくて一人で心配だから一緒に家にいてあげたい、と休む子がいるそうです。

普通に「お兄ちゃんが心配だから自分も休む」と言ったら、「何言ってるの」となるじゃないですか。だから、言わないんです。本当に思っていても。

そういう優しさで休んでいるのかもしれません。

これも愛ですよね。親でさえ計り知れない、きょうだい愛。

子どもは大人の考えていることを軽く超えてきます。そんなこと考えてるの？　みたいなことがいっぱいあります。

そういうことも、いろんな角度から子どもの話を聞いてあげると出てくるので、すごく優しいね、でも大丈夫だよというふうに言ってあげたら、下の子は学校に普通に行けるかもしれませんよ。

何番目の子どもであっても「学校に行きたくない」と言い出したら、やっぱり子どもの気持ちを聞いてあげることが大事です。

「行く」「行かない」は子どもが選択すること。「やっぱり行かない」と言ったら、それを受け取ってあげましょう。

担任の先生にはどのように報告すればいい？

子どもが「学校に行きたくない」と言い出したとき、親が直面する問題が、担任の先生にどう言おうか、ということだと思います。

29ページでも少し触れましたが、ストレートに伝えたほうがいい先生もいれば、よくない先生もいて、本当にその先生によります。

まずは**子どもの今の状態と、それをどういうふうにしようと思っているかという意思だけは伝えたほうがいい**とは思います。

先生によってはそれを無視して「とりあえず連れてきてください」という先生もいます。その一方で、すごく親切で家庭訪問とかもしてくれて細かく子どもの状態や親の話、希望を聞いてくれる先生もいます。

それでもやはり、カーナビのシステムと同じで、現状と行きたい先だけはシェアしておくといいでしょう。

ここで押さえておきたいポイントは、**もしも親が先生のことを嫌いだったとしても、それを子どもには決して言ってはいけない**、ということです。

子どもも先生が嫌いになって、最悪の場合は学級崩壊というケースを招いてしまうからです。

子どもにとって親というのは無意識レベルで絶対的な正義を持った人で、子どもは親が見ている世界を信じています。なので、**親が先生を嫌いだと言ってしまうと、子どもも先生を嫌いになります。**

よくある話で、子どもたちが先生の言うことを全く聞かない学級崩壊しているクラスでは、親が家庭でその先生のことを嫌いだと散々言っているということがあります。

子どもはこの人の話は聞かなくていい、この人の指示を聞かなくていい、と親から聞かされているので、授業を妨害したり、先生にひどいことを言ったりして、親の世界をそのまま学校で演じてしまうんです。

でも、やっぱりどんな先生でも**先生は味方になってほしいし、常に味方でいてほしいですよね。**

なので、最初にちょっと先生に質問するといいかもしれません。

「うちの子、学校に行きたくないって言ってるんですけど、先生だったらどうなさいますか？」

それで先生のスタンスがわかるんです。

「どうしたらいいですかね？」という問いは、すごく責められているように先生が受け取ってしまいますが、**「先生だったらどうしますか？」と聞いたら、先生も親の気持ちに寄り添って考え、親の気持ちにならざるを得ません。**

そのときに出てきた回答で、この先生は信頼できるなと思えたりするとコミュニケーションのきっかけがつくりやすくなりますよ。

これは実際に「お母さんの学校」の受講生さんがやったケースです。

最初、その先生の対応がとても悪くて子どもが絶対に学校に行きたくないとなってしまったんですが、そのお母さんは先生のことを理解することが大事だと話を聞きに行ったんですね。

「先生、大変ですね」から始まって、いろいろな話をする中で「うちの子のことを気にしてくれて本当にありがたいです」と、先生に感謝を伝えました。

すると、先生も人間なので感謝されちゃったらその子のことを優しく見るようになって、対応が変わったんです。

先生を味方につけることはできるんですよね、感謝の気持ちで接すると。

その子は小学校5年生で、その先生が嫌で学校に行きたくなかったんですが、クラスのみんなで先生と仲よくなろうと決めて学校に行きだしました。

どうしてそんなことを思ったのかと言うと、お母さんが先生に感謝している姿を見たからです。

子どもはそうやってどこまでも親のスタンスをそのままマネるんです。

急に子どもが「学校に行きたくない」両親とも仕事を休めないときは？

これはよくあるケースだと思います。

子どもが小学校高学年や中学生で、一人で家にいても大丈夫であれば休ませてあげることもできますが、まだ一人で家に置いておけない子だと、親は本当に困ってしまいますよね。

よくあるのが「えっ、今日、お母さんもお父さんも休めないから、とにかく学校に行ってよ」と無理やり行かせてしまうパターンです。

親が急に休めないのはしょうがないことです。働いているわけですから。けれど、逃しちゃいけないのは、子どもの気持ちに寄り添うことです。

すごく短い時間でもできるのは、

1　まず子どもの「行きたくない」という気持ちを受け取ってあげる
2　自分たちが仕事を休めないことをきちんと伝える
3　子どもと一緒にどうするかを考える
4　「行く」「行かない」の選択は子どもにさせる

ということです。

もちろん、子どもの年齢にもよります。自分で判断がなかなかできない子もいると思いますが、判断ができる年齢であったり、家に一人でいても大丈夫というふうに親が思っている場合は、という条件つきになりますが。

でも、**仕事を休めないという焦りばかりが先走ってしまうと、子どもは自分のことを見てもらえないと思ってしまうし、「もう、仕事休めないんだから行きなさい」と言われてしまうと、自分という人間が完全に無視された気持ちになってしまいます。**

子どもとの信頼関係において、それだけは避けたいですよね。

だから、「行きたくないんだね」とちゃんと口に出して子どもに「受け取ったよ」と伝えてあげましょう。

それから「お母さんかお父さんが休めるんだったら、あなたも休ませてあげたいんだけど、2人とも仕事に行かないといけなくて」ときちんと説明してあげます。

そして「あなたはどうする？　学校に行く、行かない、どっちがいい？」と一緒に考えて、最後の選択は子どもにさせてあげる。

このプロセスを踏むことがポイントです。時間にして5分もかかりません。

それで子どもが「休む」と言った場合は、学校にもよりますが、**本人が欠席の連絡をしてもいい学校だったら、子どもに電話をさせる**のがいいと僕は思っています。

なぜなら、結局何をするにしても自立に向けてのことなので、**自分の行動には自分で責任を負う必要がある**からです。それは大事なことです。

休みたいという気持ちは別に学校に言わなくてもいいですが、休むということだけは学校に言えますよね。「今日、学校休みます」と。

それを自分でさせることによって、休むことに若干負荷がかかるということもあります。

と、ここまでは緊急時の一時的な対処方法です。

でも、行き渋りがだんだん継続してきたな、というときには改めて話し合う必要があります。

これも親だけが話し合うのだと、やっぱり子どもの意思を無視することになってしまうので、**みんなで話し合っていくというスタンス**がいいですね。

親は今どちらも仕事をすぐに辞めることはできないとか、辞めたら生活ができないとか、そういうことは子どもにもちゃんと伝えてあげてください。

子どもがまだ一人で家に置いておけない年齢であれば、**どこに頼るかも考えていく必要**があります。

祖父母が近くにいれば来てもらうようにするとか、シッターさんや通えそうなフリースクールを探すとか。子どもを交えて相談していきましょう。

子どものゲーム・スマホ依存を何とかしたい

子どもにとってゲームとか動画は何でしょうか？

塾の講師だったとき、僕は子どもたちに「どうしてスマホを見たりゲームとかするの？」と十数年間聞いてきました。

答えの1位は「**暇だから**」。

不登校は休息期間と書きましたが、休息期間って暇なんです。つまり、暇潰しにやっているんですね。

勉強をやったほうがいいということは頭ではわかっていても、それに疲れちゃっていたら勉強なんてできません。じゃあ運動しようと思っても、疲れちゃうからできないんです。

一番労力を必要とせず向こうからやってきてくれるもの、最も簡単に楽な気持ちになれるもの、それがゲームだったり、動画だったり、スマホ、ネットだったりします。

そして、もう一つの理由が「**逃避**」です。

例えば、いじめにあっていた場合。すごくつらくてしんどいことだから、いじめられていることとか、いじめを受けた自分のことを考えたくないですよね。

それを考えないために、心の防衛として自動的に発動するのが「逃避」です。**何かに没頭しているときは、そのことだけを考えていられるので、しんどいことを考えなくてもいいからです。**

ゲームってうまいこと脳科学とかが使われているので、その術中にハメられてしまうんです。それは悪い面なんですが、でも子どもの心理状態からすると嫌なことを忘れて没頭できる。それが「逃避」です。

ほかのことを考える隙はなくて、ゲームのことしか考えない。だから、ハマっていってしまう。

不登校を休息期間、心の回復期間と考えると、**子どもは自分のしんどいものから目をそらしたいという思いでゲームをやっているわけです。**

もしそうなのだとしたら、これを取り上げるという行為はどういうことなのか。想像できますよね。

逃避先を奪われるということは、どこにも逃げ場がなくなるということです。

そうしたら、その気持ちをどうするか。

家族に向かって爆発させるしかないので、家でものを投げたり、家族に罵声を浴びせたり、家を飛び出したり……というほうに向かってしまいます。

だから、**一言で「ゲームや動画にハマってる」と言っても、子どもの心の状態次第なんです。**

さらに、そのゲームやスマホをいつ買い与えたか考えてみると、子どもの入学祝いや誕生日だったりしませんか。

子どもにしてみたら、自分を祝われたときにもらったプレゼントを奪われるなんて、これほどひどいことはありません。必要以上にめちゃくちゃ傷つきます。

親にしても、子どもに喜んでもらうためにプレゼントしたものが、やがて子どもを怒るためのものに変わっています。

これでは子どもは困惑する一方です。

そもそもゲームばかりしている子どもを見て、親はなぜ心配になるのでしょうか。自分たちが関与できないからではないでしょうか。

親が家にいない時間帯――仕事に行っていたり、買い物や友だちと会うなどで家をあけている――に子どもがゲームをやっていたら物理的に関与できませんよね。夜、親が眠っている時間も関与できません。

そこに親は一番ハラハラするんです。

自分たちにとってゲームが未知なものだから。未知の恐怖とよく言いますが、**知らないものが一番怖くて不安**ですよね。

以前、バトルロイヤル系のゲームが世界的に大流行しました。最後に生き残るために、ほかの人を殺戮《さつりく》していくというもので、そのゲームが子どもたちを狂気にさせているど問題になったほどです。

それと同時期に、街をつくっていくゲームも人気で大流行しましたが、親たちがこの2つを混同し、「ゲームは危険だ」と問題視することになったのです。

でも、ゲームは一つじゃありません。

未知の不安を取り除くには、子どもがハマっているゲームの中身を知ることから始めてはどうでしょうか。やっているところを見せてもらったりして。

これは動画、スマホ、ネットなど全て同じです。

子どもがやっていることに興味を示すんです。

中身がわかると安心します。なんだ、街をつくってるだけかとわかったら、そんなに嫌な感じはしませんよね。ずっと人を斬り続けてるとなるとちょっと心配ですが、それもひっくるめて、**子どもが何にハマっているのか、何を好きなのか、を知るということがすごく大事です。**

知るとそれだけで、ちょっと許容できる範囲が広がったり、我慢できる耐性ができたりとか、対処方法を思いついたりします。

何も知らずにただ「ゲームはやめなさい」と言われるのは、子どもにとって屈辱以外の何ものでもありません。親だって好きな趣味をやめろと言われたら嫌ですよね。**「ゲームはダメ」という禁止のアプローチは厳禁です。**

逆に知ろうとしてあげると、子どもは教えてくれます。これがこういうふうになって爽快だからやってるんだよ、とか。

親が理解を示してくれると、子どもも対等に話ができるようになるからです。

禁止のアプローチは、基本的に親の権限を行使していて、対等ではありません。

けれど、対等にわかり合っていくと、「じゃあ今日は3時間にするよ」みたいなことになったりするんです。

同時に、子どもがそのゲームの何にハマっているのかが見えてきます。

レベルが上がるのが楽しいんだなとか、オンラインで人と交流することが楽しくてゲーム自体はそんなに楽しいわけじゃないんだなとか、そういうことが見えてくるんですね。

すると、じゃあ、**ほかにこの子がハマれるものは何かな、と対処法**を思いついたりします。


依存症になっている場合は、断ち切るのが難しくて、置き換わるものをつくってあげないとやめられません。**依存先がないと心が乱れてしまう一方**です。

でもそれも、その子が何にハマっているかがわかれば、置き換わるものを見つけやすくなりますよね。


ここでも大切なことは、いったん受け容れること。

人間は気持ちの生き物で、心が常に先だから。

親が子どもの不登校を受け容れていくと、子どもが突然ゲームをやめるというケースは山ほどあります。

受け容れないで行動したことはうまくいきません。拒絶からスタートすると全て拒絶されます。

これ、心の基本法則です。

最後に興味深い話を一つ。不登校でゲームにハマっていた子のケースです。

親御さんは、ずっと「ゲーム禁止」「せめて○時間だけにしなさい」と言い続けてきたんですが、僕の話を聞いてとりあえず言わなくなりました。

その子は受験する気は全くなかったんですが、オンラインゲームで知り合った友だちがたまたま同級生で、受験すると言い出したそうです。深夜とか遅い時間までゲームをやっている相手が、です。

すると、その子も触発されて「俺も受験勉強するから、今日からゲームやらないわ」と、突然お母さんにスマホを預かってくれと言ってきたそうです。

子どもが昼夜逆転生活になっているとき

子どもが朝、なかなか起きてこない。あるいは、起こしても起きない。

いわゆる昼夜逆転になっている場合、気をつけたいのは、**起立性調節障害**という病気かどうかでアプローチ方法が違ってくるということです。

起立性調節障害は、自律神経の働きが悪くなり、起立時に体や脳への血流が低下する病気で、ＯＤ（Orthostatic Dysregulation）とも呼ばれています。

思春期に起こりがちだと言われていますが、もしそうだった場合は**医学的なアプローチが必要**になってきます。

病院で受診するのが一番ですが、いきなり病院に行くのは抵抗があるなという人は、一般社団法人やＮＰＯ法人で「起立性調節障害の会」がいろいろあるので、ネットで探してみて、お話し会などに参加してみるといいかもしれません。

話を聞いてみると、うちの子に当てはまってるなとかわかるでしょうし、相談できたりすると思います。

そうではなくて、夜通しゲームやネットをしていて朝起きられない昼夜逆転になっている場合で、最近次のようなケースを何件か聞きました。

昼夜逆転が続くと生活時間が少しずつ後ろになっていくんだそうです。寝る時間も起きる時間も1時間とか1時間半とか後ろにズレていく。それを止めないでそのままいかせたら、**1周回って戻ってきて朝起きる**ようになった、と。

そんな話を連続で聞いたので、1周待ってみるのもいいかもしれませんよ、という話をするようになりました。

最近では、3周待ちましたという方もいらっしゃいました。

子どもの生活リズムを見ていて、どれくらい時間がズレいくのか途中で法則を見つけて、あと何日経ったら元に戻るな、と。そして、戻ったタイミングで子どもと一緒に生活リズムを修正していって昼夜逆転を止めることができたということです。

昼夜逆転を止めるには、正攻法でいくとやはり生活習慣を整えることです。そうすれば、間違いなく元に戻ります。

そのためには起床時に太陽光を浴びるとか、カーテンを開けたままにしておくとか対処法はいっぱいあるんですが、どれもあくまでも対処でしかありません。

今すぐにでも再登校、学校に行くということを考えていたらしんどいことになるので、僕はやはり**長期的に見るほうがいい**と思っています。

強制的にやってもうまくいかないからです。

必要なのは本質的なアプローチであって、対処法をあれこれ試してというテクニックではありません。

まず親が心配になるのは、この昼夜逆転生活がずっと続いたら……ということではないでしょうか。

未来の不安ですね、今の状態がずっと続くと思っているから未来が不安になる。

学校に行けない子は不登校がずっと続いたら……、勉強しない子はずーっと勉強しなかったら……、人間関係でつまずいちゃった子はこの先ずっと人とうまくいかなかったら……。どれも未来の不安です。

でも、お母さん・お父さん自身の人生を思い出してください。そのときの不安はずっと続きましたか。だいたい続いていませんよね。

それと同じで、**今、昼夜逆転しているからといって大人になってまで続くことはたいていありません**。大人になってから昼夜逆転してしまう人はいっぱいいますが、子どもの頃からずーっと続いているという話を僕は聞いたことがありません。

とはいえ、子どもが昼夜逆転になって親が悩むことはいっぱいありますよね。

食事が一緒にとれないからちゃんと食べているかどうか、お菓子ばかり食べているんじゃないかと心配になる。じゃあ、作って置いておくほうがいいのか、それもプレッシャーになるんだったら作らないほうがいいのか、とか。

もちろん、生活リズムが悪いこと自体にも悩んでいるでしょうが、**本質的な問題と**

いうのはコミュニケーションがとれないことではないでしょうか。

コミュニケーションがとれないから、ごはんを食べなさいと促すこともできない。つまり、改善のアプローチもできなくて困っている、悩んでいるというのが実状ではないかと思います。

自分は子どもとコミュニケーションがとりたいんだな、ということをまず親が認識することが先決です。

ということは、コミュニケーションをとる時間をできるだけ増やしていくことが最初にできることですよね。

できるだけ親子の重なっている時間にはコミュニケーションに集中する。

これも信頼関係によるので一概にこうとは言えないんですが、例えば親が仕事から帰ってきたときに、子どもが起きていたら、

「今日、何するの？」

「今日、何して過ごすの？」

とかオープンクエスチョンで聞いてみる。学校から帰ってきた日常の親子の会話ですね。

子どものやっていることを否定しないというのがコミュニケーションをとるうえでは大事なので、間違っても、

「お父さんお母さんがこんなに働いて帰ってきてるのに、あなたは寝てたんでしょ」

というのはダメですよ。子どもがしゃべりたくなくなって、コミュニケーションを閉ざしてしまいます。そうするとその門を開けるのは、また大変です。

「は〜、お母さんいっぱい働いて疲れちゃったけど、あなたは今日どうだった？　ちゃんと寝た？　これから何やるの？　ゲーム？　へぇ、それって楽しいんだ。今どんなところが楽しいの？」

という感じで興味まで示せたら最高ですね。

そうしてあげることによって**親とコミュニケーションできることが当たり前になっ**

ていくような生活に戻っていけば、自然に朝は「おはよう」、帰ってきたら「ただいま」「お帰り」というスタンスができてきます。

子どもが、親と話すことを普通にしようと思ったら、親が起きている時間に自分も起きていることが一番コミュニケーションできると気づくからです。

それが本質的なアプローチだと僕は思います。

親子間において**コミュニケーションさえとれていれば、基本的に不安はない**と思います。

わからないから不安になるんですよね。

例えば、子どもが夜に家を出ていくことがあったとします。

でも、後からでもいいから、あのとき何とかってやつのとこに行ってた、と話してくれたらまだ安心できますよね。

何も言ってくれなくなったら、ものすごく怖くないですか。

悪いことをしているんじゃないか、危ない人に絡まれてるんじゃないか、妙な団体に入っちゃったんじゃないかとか。そういうことが不安になってくるんですよね。

子どもの昼夜逆転は、それが一番起きてしまうので。

ほかに対処法的な話でいくと、**朝、親がすることに子どもを誘ってみる。**

口実とかはいくらでもつくれて、「お母さん、ダイエットのために朝散歩しようと思ってるんだけど、ちょっとつき合ってくれない？」とか。

基本的に、**親のために一緒に協力してというスタンス**がいいですよ。子どもの、親を喜ばせたいという気持ちを発動させるので。子どものためにやっているというのが子どもは一番嫌いです。重いから。

だから、「私のためにやって」「一緒に手伝って」というのが子どもとしては軽いんです、断りやすいし。でも、やっぱり子どもは常に親の喜びになりたいと思っているので「しゃーねーなー」とか言いながらつき合ってくれたり。

昔、実際にあったケースで、子どもが不登校になったら太ってきたのでダイエットさせたいという相談がありました。

でも、痩せることを強要することはできないですよね。親も嫌だし、子どもにも嫌がられます。そこで、痩せなさいということは一言も言わずに、「お母さん、ちょっと運動したいから朝走ろうと思うんだけど、あなた自転車でいいから一緒についてきてくれない？」

と誘ったんです。自転車をこげば運動になってダイエット効果があるので。

幸い、子どもはその誘いにのってくれて毎朝親子で続けました。そうしたら、その子は自転車に乗ることが楽しくなって、自分で隣町まで自転車で行って帰ってくるということを始めたんです。そのうち、ツーリングができる友だちと仲よくなって、ちょっといいマウンテンバイクも買って、すごく遠くまでツーリングに行くようになって、見事に痩せていったそうです。

この子の場合は、**朝起きられるようになったうえに、世界が広がって自転車にハマっていったん**ですね。

もちろん何にハマるかはわからないし、あくまでも対処法なんですが、親がする朝のルーティンに子どもを巻き込んで、というふうにすると朝起きられるようになるかもしれませんよ。

子どもが暴力を振るうとき

子どもが親に暴力を振るったり、物を壊す、壁を殴る、ふすまや障子をビリビリにするなど暴れてしまうときは、**とりあえず逃げることが先決**です。刃物を手にしていたら下手をすると怪我をしたり命を落としたりして事件（子どもを加害者という立場にすることになります）になるので、まずはそこを回避しましょう。

なぜ暴れるのかというと、カッとするからですよね。でも、24時間ずっと暴れているという子はいないので、**冷静なときに対処していく**ことが必要です。

暴力的になるときの心理というのは、人を殴ると目の前で痛くて苦痛に襲われている顔を見ることができる、それに安心するんです。なぜかというと、自分と同じ痛みで苦しんでいることが確かめられるから。

子どもは、親が痛くて苦痛に喘いでいる姿を見て、「僕（私）もずっとその痛さを抱えているんだよ」ということをわかってほしい、「やっと自分と同じ気持ちになってくれた」と思います。

だから、人を殴る前に自分を殴っている。自分の心を先に殴っているんです。そして、痛くてたまらないからこの痛みをわかってほしいという気持ちで暴力に出てしまうんです。

暴力を振るう子は、その暴力を受け容れてくれそうな人にしかしません。自分が殴って、より一層殴り返してくる人にはしないですよね。その意味で優しい人がだいたいターゲットになりやすい。お父さんよりお母さんというふうに。

物理的な問題として、暴力を振るわれたときは身を守ることが大切ですが、そうじゃないときは、その痛みにちゃんと寄り添ってあげることが大切です。

カッと感情が爆発する瞬間というのは、だいたい根本は全て一緒で「わかってほし

い」「助けてほしい」「認めてほしい」「愛してほしい」という欲求が果たせないときです。

わかってくれないから、言葉で言う。でも、言葉で言ってもわかってくれないから暴力という力を行使する。力を行使してもわかってくれなかったら、もう理解してくれないんだと思って孤独を感じてしまいます。

言葉で言える場合はまだしも、暴力的な感じになった子どもを見てみると、話が上手じゃなかったり、うまく話せなかったりする子が多いです。

子どもとしては言えないからストレスがたまります。親もわかってあげたいんだけれどもうまく受け取れないから、ストレスがたまる。

そして、根幹としては無意識レベルですが、やはり子どもは親を苦しめているということに対して苦しみ、さらにストレスがたまるけれども、それを**表現しきれないので体を使った表現方法、暴力になる。**

だから、子どもが冷静なとき、落ち着いているときに、この子は何にこんなに傷ついているんだろうか、何をそんなに苦しんでいるんだろうか、何がそんなに寂しいんだろうか、と親が見つけてあげることができたら、子どももそこまで力まなくていいし、怒りとして出さなくていい。力を行使しなくてもよくなります。

でも残念なことに、**親の考えていることと、子どもが思っていることはズレていることが多い**んですよね。

子どもも本当だったらシンプルに「ハグして」「愛して」と言えたらいいんですが、思春期だったら口がさけてもそんなことは言えないですよね。その代わりに何かしらの方法で伝えているはずなんです。

例えば「ハンバーグ作って」とか。ハグや愛をちょうだいと言う代わりに自分の好きな料理をリクエストしてみたり。

このとき、**親が子どもの気持ちに気づかずに**「今日は忙しいから勘弁してよ」と言ってしまったら、お皿を投げてしまう。

子どもは自分でも伝え方がマズくてうまく伝わらなかったことがもどかしくなるので、怒りというパワーを使って、**暴力で表現**してしまいます。

だからといって、子どもの言いなりになるのがいいということではありません。勘違いしがちな点ですが、**大事なのはやっぱり気づいてあげること。メッセージをきちんと受け取ってあげること**です。

「わぁ、ハンバーグか。好きだもんね。でもゴメン、今日はちょっと無理だから、週末でもいい?」と、あなたのメッセージは受け取ったよ、という答え方ができれば、子どもは怒りまで感じないということです。

つまり、**子どもの怒りの根源には何があるんだろうか、と考えてみてほしい**んです。

子どもには、親がわかってあげられていないこと、理解してあげられていないことがあるんだな、と見てあげると、**自分の観点じゃない見方が必要になってくる**ことに気づきます。

今までの自分のフィルターでしか子どもを見ていないから、見えていないわけなんですね。

子どもは、お母さんとお父さん2人の子どもです。ということは、**お母さんの理解できない子どもの要素はお父さんの要素だったりする**んです。それは逆も同じですね。だから、パートナーのほうがわかる領域はいっぱいあります。

相談してみると、意外に発見があるかもしれません。

「それって拗《す》ねてるんじゃないの？　俺だったら拗ねるけどね」
「え、そんなことで？　私、思いもしなかったわ。その考えはなかった」
「でも、俺の子だからそうかもしれないよ」

ここに今までなかった見方が入ってきます。

シングルマザー、シングルファザーの場合は、おじいちゃん、おばあちゃん、おじさん、おばさんなど身近な方でも構いません。

自分以外のフィルターを通して見ると、気づけなかったことが見えやすくなってきます。解決策につながりやすかったりします。

気づくだけだと本人には伝わらないので、子どもと共有する、分かち合うところまでいけるといいですね。

ただ、ストレスをなかなか言語化できない子どもは、体を使った表現になりがちなので、**言葉に頼ったアプローチ以外を試してみる**のもいいかもしれません。

そういう子はエネルギーがあり余っているので、スポーツや格闘技など体を使ってストレスを外に発散させてあげる、という方法です。

非行少年がボクシングと出合って、世界王者にまでなってしまったというのはマイク・タイソンをはじめよくある話です（ボクサーがみんな不良だったということではないので、その点は誤解しないでくださいね）。

体を動かすことでストレスが解消され、試合のリングに上がれば、自分に注目してほしいという承認欲求が満たされます。そして勝利すれば、「誰かに勝つ」という達成感も得られるのです。

非行少年たちを集めて、そうやって更生させている元格闘家の方もいらっしゃいますよね。素晴らしいことだと思います。

どうすれば子どもがストレスを発散できるのか、考えてみるのも一つです。

嫌なことを我慢しない子になってしまうのでは？と心配

子どもが「学校に行きたくない」と言うから行かせない、「勉強したくない」と言うからさせない。

親がそうしていると、嫌なことを我慢しない子になってしまうのではないか、という心配ですね。

これは多分全てに言えることだと思いますが、白じゃなければ黒という白黒思考でしか考えていないことが悩みの原因ではないかと思います。

不登校は休息期間、パワーの回復期間だととらえると、**今は勉強しない。でも、元気になったらしたらいいじゃん、**というのが僕の考えです。

実際に塾とかでも多いですよ。２年間不登校で全く勉強していませんという子が３

年目にちょっとやる気になって、学校には行けないんだけど勉強してみようと思って塾に来ました、というケースが。

自分から勉強してみようと思ったタイミングであれば、2年分くらいはあっさり取り戻せます。

だから、今はできない、というだけです。

回復したらちゃんと嫌なことにも向き合えるようになってくるので、するかしないか、という**二者択一ではなくて、新たな選択肢を入れてみてほしい**なと思います。

大丈夫、**わがままにもなりません**よ。

学校というものに対して行かないという選択をした子どもたちは、今の社会の仕組みや環境に対して何かしら不満を持ったり、違和感を持ったり、生きづらさを感じているから休んでいるわけですよね。

じゃあ、学校の宿題をやらなかったら立派な大人になれないのかというと、現に今の大人たちで子どもの頃、宿題をやらなかったという人たちはいっぱいいます。そういうことって忘れてしまいがちですが、学校をめちゃくちゃサボっていた人たちが今は立派になっているということもたくさんあります。

僕は、**人は自分が「したい」と思うことに対しては甘えない**、と考えています。

通っている学校が嫌で、フリースクールや通信制の学校を利用するようになった子がいるとします。

でも結局、そこにも何かしらのルールはあって、それは嫌だなという気持ちは出てくるわけです。けれど、そこが自分が「存在したい」と思っているところであれば、耐えられます。

なぜ耐えられるのかというと、ベースに自分が「そこが好き」で、「そこにいたい」という強い思いがあるからです。

これが人間の動機です。

本当に得たいものを得るためには、人ってがんばれてしまうんです。苦しくてもつらくても、自分の中に「したい」という明確なものがあれば。

逆に、自分の中に「したい」という明確なものがなくて、ただの苦痛でしかないものは避けたいと思うのが普通です。

なので、「我慢しない子になってしまうのでは？」という心配に、僕はいつも「**そんなことはありません**」と言い切っています。

大丈夫、心配することはありません。

「学校に行かない」代わりに何をする？

当たり前に学校に行っていた子が行かなくなってしまったとき、親が考えるのは、**何のために学校に行かせるのか**、ということだと思います。

大きく分けると、次の3つではないでしょうか。

1　学業

2　つながり

同級生や友だちなど同じ世代とのコミュニケーション＝横のつながり。そして、先生や先輩後輩とのコミュニケーション＝縦のつながり。地域とのつながりもありますよね。

3　運動

体を動かすということです。

これらの機会が子どもからなくなってしまうと困る、と思うから「学校に行かせたい」となるのではないでしょうか。

でも、きっと親御さんの中にもこの3つに優先順位があるはずです。

「学校に行かない」代わりに、どうするか？　は、その優先順位によって選択肢が異なります。

学業、勉強を優先するのであれば、**塾や通信教育、**今の時代なら**YouTubeとかでも勉強できてしまうのでオンライン、**といったもので代用することができます。

ここにフリースクールは入ってこないの？　と思われる方も多いと思うので、フリースクールについて少し説明しましょう。

フリースクールにもいろいろあって、子どもが安心して過ごせる居場所としてのフリースクールもあれば、学習サポート中心のフリースクール、医療機関と連携して適切な援助が受けられる体制を整えているフリースクールもあって実に多様です。

ただ、学校教育法第一条で示される要件を満たしていないため、現在は正式な学校としては認められていません。そのため、フリースクールに通って義務教育を受けた形にするには、もともと通っていた学校に籍を置き、校長先生の判断で出席認定をもらう必要があります。

そして、費用もかかります。平均で月3万3000円〜となっていますが、特に基準が決められているわけではありません。

つまり、学業の保証を求める先ではなく、基本的には子どもの「居場所」と考えたほうがいいでしょう。

ということは逆に、つながりを優先するのであれば**フリースクールという「居場所」**になります。

小学生や中学生が一緒に過ごすので、横や縦のつながりがあり、中には地域交流、いろいろな大人との交流も積極的に行なっているところもあります。

何をするために学校に行かせたいの?

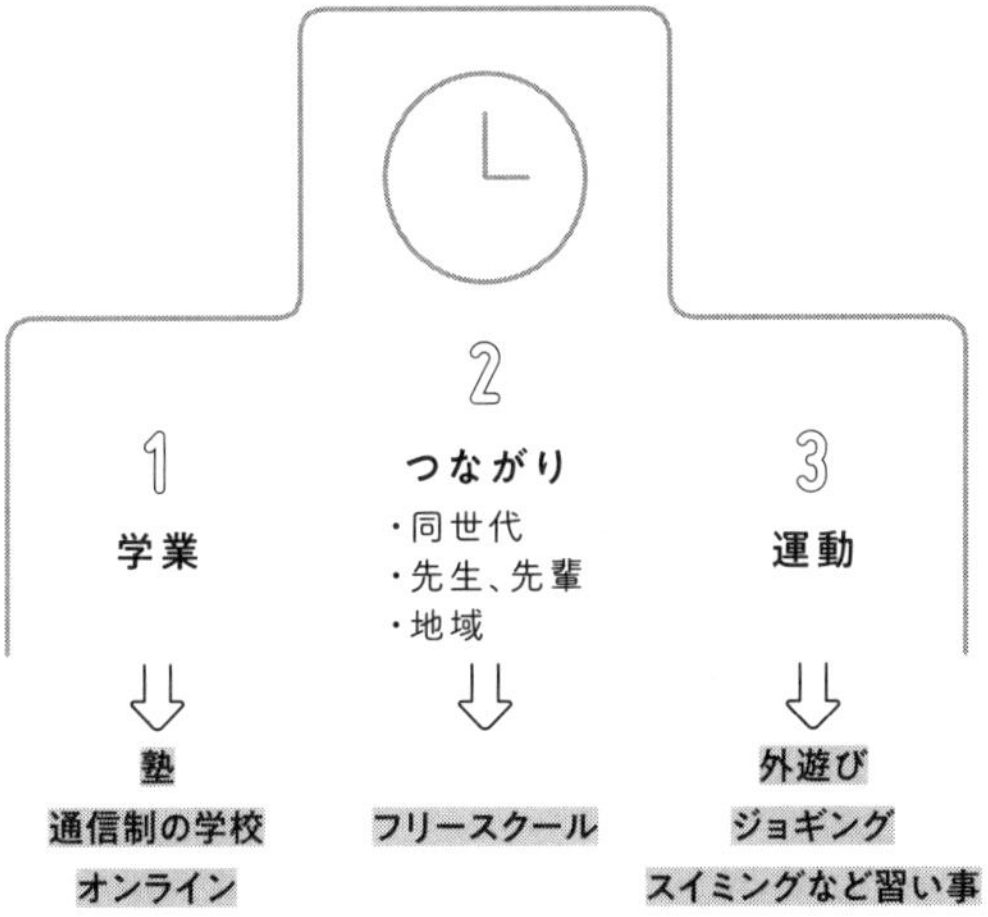

ただし、フリースクールにも子ども自身の合う、合わないがあるということは知っておいてください。

最後の運動は、体を動かすことが目的なので、**外で遊んだり、ジョギングしたり、スイミングなどの習い事をする**、という選択肢が出てきます。

とはいうものの、じゃあ、勉強は塾でやって、居場所はフリースクールで確保して、となるとすごくお金がかかってくるというのが現実です。

学校がそれを全部やってくれていると思うと、やっぱり学校に行かせたいと思ってしまいますよね。

なので、**子どもを学校に行かせない代わりに何を選択するのか、自分が何を大切にしているのかということを、まず明確にしましょう。**

そして、やっぱり**子どもに聞いてあげましょう。**子どもが過ごす人生です。

子どもが何を優先したいのか。

友だちが怖くなってしまって学校に行けないんだけれども、勉強はしたいし、運動もしたいという場合は、その「したい」が明確になります。すると、どこに行くことがいいのか、も明確になってきます。

親は親の、子どもは子どもの、明確にした「優先したいこと」を親子で話し合うときには、「ここに行くにはお金がこれくらいかかるね」と、金銭面の話まできちんとしましょう。

こうして考えていくと、最近話題になっているメタバースは、今の時代の需要に応じて生まれたものだということがよくわかります。

49ページでも少し触れましたが、メタバースとは、オンライン上に構築された仮想空間のことです。

アバター（自分の分身キャラクター）を使うので、自分の顔は出さなくていいし、名前も何でもOK。つまり、人間関係で傷つくリスクが最小です。

そんな世界で授業を受けたり、先生や友だちと過ごせるのですから、子どもたちも楽しいですよね。

まだ少しではあるものの、こうしたメタバース登校を認めている自治体はあり、学校長が認めれば出席扱いにもなります。

最近ではNPO法人のフリースクールがメタバースを立ち上げているし、学研やNTTも参入という話も耳にします。

「学業」も「つながり」も叶えてくれるので、これからは多くの人がメタバースに移行していくのではないかと僕は思っています。

唯一できないのは「運動」だけですが、最近ではベルトを巻いたり、足を乗せるだけで筋肉を鍛えられるグッズもたくさんあるので、近い将来、その点もクリアされるのではないかという気もしますよね。

ここに挙げただけでも、いろいろな選択肢があることが見えてきたと思います。何が正解だ、ということはありません。

大切なことは、**自分たち親子が何を正解にしたいのか**、ということです。

COLUMN

学校に行かない子に家事をさせてもいい？

もちろん、いいと思います。大賛成です！　誰かの喜びになっているということが、自分のモチベーションを保つために必要です。家族のために自分が動いて感謝されるという経験は、子どもにとってとても大事なこと。

家事をさせることに批判的な人は、労働を課すようなイメージがあるからで、きっと家事が嫌いな人ですよね。

基本的に、家庭は家族でつくっていくもので、誰かが誰かのために動くというのは自然な行為です。むしろそれがないと家庭になりません。

家事をさせているというスタンスではなくて、自分が子どものことを喜んであげる機会、感謝する機会をつくっていると思えば、親も罪悪感を抱かないし、心地よくできると言い方も変わってくると思います。

よく聞く話で、子どもがある程度の年齢になると、親が仕事から帰ってきたらごはんを作って待っていてくれたというのがあります。「ありがとう！　すっごく助かる」

親は素直に喜びを口にできますよね。同時に、料理という子どもの新たな才能の発見につながるかもしれません。

家事は全般的におすすめですが、洗濯は面白いですよ。

洗うのはボタンを押すだけですが、洗濯物を干すときや取り込んでたたむときに、家族一人一人のことを思い浮かべなければできないからです。お母さんのものをたたんでいるときはお母さんのことを思い浮かべるし、お父さんのときはお父さんのことを思い浮かべるし。

お父さんに腹が立っているときは、適当にしちゃうとか、そういうところに気持ちや普段のコミュニケーションが出てきます。関係性が見えてくるんです。

料理が好きな子だったら自己表現にもなるのでどんどんさせてあげたほうがいいし、ペットのお世話をしてもらうのもいいですね。気持ちが癒されるし、自分は誰かのお世話をするような人間なんだと思えることが、すごく自己肯定感をアップさせるからです。

91ページの質問

子どもとの信頼関係はありますか?

僕はこう思います

「ない」「ないかも」という人も大丈夫!

今は必死に子どもとコミュニケーションをとろうとするより、舵を自分に向けて振り切り、まずは自分がご機嫌になることから始めましょう。不機嫌が周囲に感染するように、ご機嫌もまた感染します。そこからコミュニケーションがとりやすくなり、信頼関係も回復します。

「ある」人も、もしかしたら思春期の子どもは「ない」と思っているかもしれません。最近子どもとうまくコミュニケーションがとれないという場合に多いものです。だとすれば、まずその点に気づいて、子どもの存在を尊重してあげることから始めましょう。同時に、話を最後まで聞いてあげることを続けていけば、信頼関係が回復し高まっていきます。

4章

子どもと明るい未来を目指す

質問です

Q あなたのお子さんはどんな子ですか？

＼書き出してみよう／

（事実）例／13歳、男の子

（性格）例／明るい、けどガサツ

（好き嫌い）例／動物好き、勉強嫌い

不登校は才能開花の前触れ

1章の最初に「不登校はなぜ問題なのだと思いますか？」という問いかけをしました。そして、その章の終わりに「今までの価値観が変わること」について書きました。覚えていらっしゃいますか。

何か問題に出くわしたとき、それを悩みや困難と思うのは、今までの価値観では通用しない出来事だからです。

ということは、この悩みや困難に対して新たなものの見方、価値観を手にしたら、今までの自分とは全く違う、大きな成長を果たしていることになります。

これを僕は「才能開花」と言っています。

もともと人にはいろいろな才能の種があって、**悩みや困難というものを乗り越えていくプロセスで、その才能が開花する**からです。

それは、カウンセラーとしてはもちろん、自分自身の体験からも知っています。

僕はずっと孤独感を抱えていて、何かしようと思っても誰にも頼れず、一人で抱え込み、我慢して苦しんで何とか乗り越えていました。

でも、高校生のとき、どうしても一人では乗り越えられない困難に出くわしてしまったんです。

それまで人に頼るなんておこがましい、自分は人に頼れるような人間じゃないと思ってきたんですが、そのとき初めて「手伝ってほしい」とお願いしたんです。

すると、この困難は無事に乗り越えられました。

つまり、「頼る」という才能が開花したんです。

それぞれの**人生の困難を乗り越えていく力が才能だとしたら、僕たちはものすごく才能に溢れている**と思いませんか。

子どもが不登校になってから、皆さんはさまざまな困難に向かい合ってこられたと思います。

親目線で言うと、子どものことを信じられなかったり、言いたくないような言葉を使って子どもを苦しめてしまったり。子どもやパートナーとどうコミュニケーションをとったらいいかわからなくなったり、その結果、夫婦関係や家族関係が悪くなってしまったり。

子ども目線で言うと、友だち関係がつくれないとか、勉強に対して戸惑うとか、がんばれない自分が嫌だとか。

そういう体験は、全て未来の才能開花につながっていきます。

例えば友だちとの関係がうまくできなくて苦しんだ子どもたちは人間関係ということをものすごく一生懸命考えますよね。

その結果、人間というものに対して考えるようになって、僕みたいに心理学のほうに来る人もいる。

人の心を動かすということに興味を持って、マーケティングとかコピーライティングに進む人もいる。

また、どうしたら人と人がうまくつながっていけるのかなと、コミュニケーションのほうを重点的にやるようになって、それこそフリースクールを立ち上げるという人もいます。

実際、フリースクールを開いている人たちに話を伺うと、自分が人とのコミュニケーションがうまくとれずに社会から孤立しちゃった経験があるので、子どもたちを孤立させたくないと思って始めました、というのがすごく多いです。

勉強に悩んだ人は、学校の先生になったり、塾の講師になったり。

自分の話が続いて恐縮ですが、僕の前職は塾講師です。現職は心理カウンセラーであり、「お母さんの学校」の校長でもあります。それも困難に出くわしたからです。

もともと僕は勉強が苦手で、特に社会が苦手でした。小学校5年生のとき、本当にわからなくなってしまったんです。

そのとき僕は「どうしてそんなわかりにくい言い方をするんだろう。自分だったらもっとわかりやすく言うな」と思いました。難しい言い方や表現に疑問を抱いたんですね。それもそのはず、僕は国語の成績もとても悪くて「言葉が理解できない」子だったからです。

人の言っていることが理解できない。自分の伝えたいことが伝わらない。そんなもどかしさとともに成長してきました。

このときの「自分にもわかりやすく教えてほしい」という思いが原点となり、塾の講師になって、10歳の子にもわかるように伝える（説明する）というスタイルをとるようになりました。

でも、そこでも「言葉の壁」にたくさんぶち当たりました。それで、心理や脳科学を探求するうちにさまざまな学びをして、現在に至っています。

それらは全て才能です。

何かしら苦しんだ経験が活かされて、もともとあった才能が花開いたんです。

何かに対して苦しんだ、誰よりも一生懸命考えたということは、もうその道のプロです。

3年で一人前とよく言いますが、軽く3年以上考えている子は大勢います。

そこにスキルとか知識とか情報が掛け算されていくことで、**形が見えて仕事になっていくことはたくさんありますし、そうじゃなくても、得意なことがそこからどんどん出てきます。才能は人生を豊かに生きるための個性です。**

今は苦しくて苦しくて乗り越えられないと思っているかもしれませんが、大丈夫、これまでだっていろいろな困難を乗り越えてきました。

今回も絶対に乗り越えられます。

そして、**乗り越えた先には「才能開花」という素敵なギフトが待っていますよ。**

子どもの短所から才能を見つける

175ページの質問の子どもの性格のところに、どんなことを書きましたか？

短所はいっぱい書いちゃったけど、長所は少しだけしか書けないという方も大勢いらっしゃると思います。それでも構いません。

なぜなら、その**短所こそ、見方を変えることで強みや才能になる**からです。

左上の図を見てみてください。左側が親が見ている子どもの短所、つまりマイナスです。それらは見方を変えてみると、右側のような長所、プラスに見ることができませんか。

自分の子だとすぐには難しいかもしれませんが、そんな場合はよその子に置き換えて考えてみると答えが出てきやすいですよ。ママ友・パパ友が「うちの子は臆病で」

短所だと思っていることが実は長所

短所（マイナス）
＝限界

- 気が弱い
- 甘えん坊
- だらしがない
- せっかち
- すぐ調子に乗る
- 面倒くさがり

長所（プラス）
＝可能性

- 思いやりがある、優しさがある
- 人に好かれる、人を頼れる
- ゆるい、ワイルド
- 頭の回転が速い
- 素直、気持ちがのりやすい
- 感情に素直

と言ったら、「○○ちゃんは慎重なだけだよ」とフォローしてあげられるように。

子どものプラスを見たときに、親は強烈にこの才能を伸ばすことができます。

左のマイナスから見たら欠点、弱点、限界となりますが、右のプラスから見ると可能性が見えてきますよね。それが才能であり、強みだからです。

子どもの才能を伸ばすには、まずプラスを見て、**親がいいイメージを持つこと**です。そうすると親の言葉の使い方も自然と変わりますよね。たったそれだけで子どもが自分自身に抱くイメージも変わります。

プラスな見方をされて、そう接してもらっている子は、才能が開花してそっち側の人間だと思って育っていきます。

例えば、親が自分の子をわがままだと思って接すると、子どもをわがままな子として育ててしまうことになります。親が「わがまま言うんじゃない」と子どもに言ったり、「うちの子はわがままなので」と人に言ったりしているから、子どもも自分はわがままなんだ、と思ってしまうんですね。

心理学的にこれを見ると、お母さんやお父さん自身が自分のことをわがままだと思っている場合がほとんどです。その自覚があるから、子どものわがままさを見て「あなたはわがままだ」と言ってしまう。自分も親からわがままだと言われて育てられ、それで苦労したから子どもは何とかしてあげようという親心からなんですが、つい「あなたはわがままだからダメなのよ」とマイナスの言い方になってしまいます。

でも、プラスから見たら、自己主張ができる子です。海外に行ったら完全に強みになりますよね。

そのいいイメージを親が持つと、接し方も変わってきて、「自分の意志を持ってるんだね」と子どもに言ったり、「うちの子の主張が面白いんですよ」と人に言ったり。すると自分の意志が強いという強みが際立っていきます。

繊細だったら、感覚が鋭い。我が強いだったら、自分の意見を持っている。暴れん坊、乱暴だったら、元気、エネルギッシュ。

短所から才能を伸ばすとは、それをプラスに見て伸ばしてあげるということです。

その**いいイメージを持って親が子どもに接していけば、子どもの才能をどんどん伸ばしていくことができます。**

うちは下の子が2歳なんですが、僕に似てちょっと冷静で冷たい感じのタイプなんです。このあいだ、僕が「仕事行ってくるね」と言ったら、それまですごく「パパ〜！」と甘えていたのが、パッと「バイバイ」と言うんです。切り替えがすごく早い。

思わず僕が「冷たいなぁ」と言ったら、妻が「冷たいんじゃなくてドライなんだよ」と置き換えてくれたんです。

僕は自分のことを冷たいと思っているところがあるから、自分に似ている下の子を「冷たい」と言ってしまったんですが、それを「ドライ」と置き換えてもらったことによって、あぁ、そうだと見方が変わりました。

親がいいイメージを持って、子どもに接してあげる具体的な方法としては、**プラスの側の想像を膨らませてみる**ことです。

自己主張が強い子だったら、その子が政治家だったり、何かのリーダーになっているところ、みんなの前でも堂々と意見を述べているところを想像してみる。活発な子だったらラグビーなどスポーツで大活躍しているシーンとか。そうすると親の言葉、言い方も自然に変わっていきますよね。「さすが未来のリーダー！」「ナイストライ！」

という感じで声をかけられていると、子どものプラスが伸びやすくなっていきます。

プロ野球の阪神タイガースで、矢野前監督が青柳晃洋投手を「エース」と呼ぶようにしたら、それまで成績が悪かったのにすごく伸びたという話があります。

それくらい言葉には「その気」にさせるパワーがあるということですよね。

まずは見方を変える。そして言葉、言い方を変える。ぜひやってみてください。それこそ、お母さんやお父さんの子どもを見る目が違ってきますよ。

子どもの才能を伸ばす方法

言葉や言い方以外にも、親が子どもの才能を伸ばしてあげられる方法はあります。それが「**得意伸長法**」です。

これは教育の一つの方法で、苦手な科目を克服させるよりも、得意な科目をぐんぐん伸ばしてあげると5教科が平均的に伸びていく、というものです。

塾講師時代に僕も採用していました。

例えば5教科の平均点が20点くらいの子がいたとします。でも、数学だけは30点取れている。その子に「勉強どう?」と聞くと、「勉強嫌い」と返ってきます。

勉強全部が嫌い、と言うんですが、そんなわけはなくて、何かが嫌いなんです。で、「何が嫌いなの?」と聞くと「社会」。「社会の何が?」「歴史」と、そういうことがわかってきます。

次に「数学はどう？」と聞いたら、「全部の中では好きなほう」。「数学の中でも何が好き？」「図形かな。計算も好きだけど、文章問題は好きじゃない」。

図形と計算が好きという2つをゲットしたから、これだけをやらせてあげると、**好きだからすごく伸びる**んです。そうするといつの間にかその子は「自分は数学ができる」と思い込み始めます。いつもは30点くらいだったのに50点くらい取れるようになるから。

そのうちに数学が60〜70点取れるようになると、なぜかほかの科目もできるんじゃないかという気になってくるんですよ。数学が伸びちゃったから。

その子が漠然と思っていた勉強という全体像を細かく分けてあげることによって、全部は苦手じゃないよ、あなたが苦手なのは社会の歴史だけだよと特定してあげると、それ以外は普通になるんです。

そして、得意も特定してあげて伸ばしてあげると、最初の思い込みと一緒で数学ができちゃったから他教科もできるんじゃないかという気がしてくる。

その結果、授業に集中したり、自分から取り組むようになったり、人に聞くようになったりとかして、総合的にふわっと上がってくるんです。

そういうことを15〜16年やってきて、大事なのはイメージなんだな、究極はメンタルなんだと思ったので、僕は起業して「教えない塾」というのをつくりました。学習環境だけを提供して、あるのはテキストだけ。勉強自体は教えずに、勉強のやり方とメンタルの授業だけしたんです。

最初に入ってきた子は、高校入試の模試がE判定。100%受からないという判定だったんですが、10カ月後くらいにA判定になって、見事合格しました。

子どもが自分自身に持つイメージさえよくしてしまえば、絶対に伸びるんです。

子どもは幼い頃、何かにハマる子が多いですよね。鉄道だったり、着せ替え遊びだったり、動物だったり。

それは探求心という能力で、何かを探求する力が、ハマることによってものすごく伸びていきます。その後、興味が変わったとしても、探求心という力は身についているので、新たな分野でもまた探求していって、自分で調べ上げ、行動し実験し、何か新しいものを生み出していくかもしれません。

大人になったとき、どの分野で、どの方向に進んだとしても、探求心が身についていたら、突破できる力になっていきます。

だから、**子どもが持った興味、夢中になっていることを、親ができる範囲で応援してあげるということは、力を最大限に伸ばしてあげることにつながります。**

その代表的な例が、魚類学者でありタレントでもある、さかなクンです。

小さい頃から魚が好きで、魚の絵を描くことが好きで、お母さんも水族館に連れて行ってあげるなどその興味を伸ばすとともに、さかなクンが「タコさん、可愛いね～」と言うと「ホント、可愛いわねぇ」と**喜び、共感**してくれたそうです。

でも、学校の勉強や運動は苦手。授業中も魚の絵を描いていたので、お母さんは先生から「もっと授業に集中してほしい」と言われたこともあるとか。でも、そのときお母さんは「うちの子は魚が好きで絵を描くことが好きなので、それでいいんです」と、おっしゃったそうです。

「この子はそれでいいんです」。なんて素敵な**全面的肯定**でしょう。子どもが親に言われて、これほどうれしい言葉はありませんよね。

大学入試には失敗したものの、さかなクンはその後も魚に関係する仕事をいろいろしながら探求し続け、今では有名な魚類学者であり、東京海洋大学の名誉博士・客員教授です。

これは得意伸長法の最たるケースであると同時に、親の言葉かけで、子どもの才能がぐんぐん伸びていくというケースでもあります。

「あなたは絶対大丈夫」

「あなたは大器晩成型だから、今じゃないんだよ。将来が楽しみだね」

ぜひ、子どもの存在を認める言葉で、持っている力を伸ばしてあげてください。

学校に行っても行かなくても、こんな未来が描ける

子どもの不登校を「行かせる」「行かせない」の二択で見ている人が考える、子どもの未来とはどういうものでしょうか。

高校、大学と進んで安定した仕事に就く。これが今までの**社会常識的な正規路線**だとしたら、その路線で行ったがゆえに**社会人になって苦労している人は大勢いる**と思いませんか。

何の意味もわからずに大学に行き、とりあえず単位だけ取って何も身につかずに、学部とは全く関係ない就職をして。それで、社会に出てから「なんでこんなことしてるんだろう」と悩み、苦しんでいる人がどれほど多いことか。

これは、終身雇用が保証されていた昔のサラリーマン教育の名残がある弊害ではないか、という気がします。平均的な人を育てるみたいな教育の影響ですよね。

でも今や、どんなに安定した企業に入ったところで終身雇用など保証されない時代です。これまで正規路線だと思っていたルートも、決して正規ではなくなっています。

とすれば、**今の枠で子どもの未来を考える必要はありません。**

これまで社会全体が学校に行くことを当たり前としてとらえていました。

でも、不登校の子が増え続けることによって、今までのやり方だともう通用しないということが明確になってきました。

学校に行けない子どもたちがとっている選択こそが、今後の教育に必要なものになってくるのかもしれません。

文科省が2015年に発表した「2030年の社会と子供たちの未来」でも、子どもたちが将来就くことになる職業のあり方について、「**子供たちの65%は将来、今は存在していない職業に就く**（キャシー・デビッドソン氏／ニューヨーク市立大学大学院センター教授)」との予測や「**今後10年～20年程度で、半数近くの仕事が自動化される可能性が高い**（マイケル・オズボーン氏／オックスフォード大学准教授)」などの予測を踏まえて、「技術革新等の影響により大きく変化することになる」と予測しています。

そして、学校の場においては「**子供たち一人一人の可能性を伸ばし、新しい時代に求められる資質・能力を確実に育成していくこと**」が、より一層重要になるとしています。

今の社会に馴染めない子どもたちが、自分を解放して自分らしく生きる世界ってどういうものだろう。

今のシステムで生きづらい子どもたちが、生きやすくなるにはどうすればいいんだろう。

社会全体が、そう考える方向にシフトし始めています。

そう考えると、**学校に行っても行かなくても、子どもたちに待っているのは明るい未来だけ**です。

そこで、思い出してみてください。さっき見つけた子どもの可能性のことを。

それが新しい未来の起爆剤になるかもしれませんよ。

うちの子はこういう才能があるから、どういうふうに社会に影響していく子になるんだろう？　と考えたら、ワクワクしてきませんか。

今の社会システムに馴染めないと、規格から外れている「規格外」という言葉で表現されることがあります。

親が自分の子を「規格外」だと思って接すると、子どもはますます枠にとらわれて生きていくことになりますが、「革命児」「風雲児」だと思って枠をとっぱらって接すると、**この子はどんなことを生み出していくんだろう**と楽しくなってきますよね。

自己主張が強い子は、それこそ新たな組織を立ち上げたり、それを引っ張っていくリーダーになるかもしれない。

感覚が鋭い子だったら、いろいろなことに配慮できるから、今までの環境を覆すようなシステムを生み出すかもしれない。

優しい子だったら、仲間外れをつくらない、孤立や孤独を生み出さない環境づくりを思いつくかもしれない。

親の見方次第、声かけ次第で、そんな未来に子どもを連れていってあげることは必ずできますよ。

175ページの質問

あなたのお子さんはどんな子ですか?

僕はこう思います

短所ばかり書いちゃった、長所が少ししかない、というお母さん・お父さん、大丈夫ですよ。それもちゃんと子どもを見ている証です。見ていない人は何も書けません。

短所というマイナスは見方を変えるだけで長所というプラスになります。まだ、親が気づいていないだけです。

つまり、これからどんどん子どもの才能、可能性に出合うチャンスが待っているということ。

そう考えると、これまで不安だったことが楽しみに変わっていきますよ。

5章

困難を乗り越えた後の「才能開花」

この章では、皆さんより先に不登校という困難を乗り越えて才能を開花させた方々をご紹介していきたいと思います。

僕がこれまで出会った人、また1万5000件以上カウンセリングしてきた中のごくわずかな例に過ぎませんが、きっとどの話にもどこかに「うちの子もそうだ」「自分もこんな感じかも」と気づけたり、共感できる部分があるはずです。

どの子たちも、不登校を経て、今は幸せな未来へと進んでいます。

もちろん、100人の不登校の子がいれば、100通りの幸せな未来があるので、これらの例を見習ったほうがいい、ということではありません。

知っていただきたいのは、今、皆さんが直面している困難は絶対に乗り越えられるということ。

子どもたちには、必ず幸せな未来が待っているということです。

先輩たちのケースを参考に「うちも大丈夫！」と、ぜひ、いいイメージを持ってください。

才能開花

CASE 1

小1から中3まで不登校。今は希望に満ちているキラキラ女子高生Ｍちゃん

Ｍちゃんは小学校入学1週間目にして学校に行かないという選択をしたそうです。その理由は、幼稚園時代に観た教育系ＤＶＤで知った小学校と、実際に行った小学校の実態が全く違っていたから。

授業では先生が淡々と説明するだけで、間違えてもどうして間違えたのかわからないまま答えを教えてもらって終了。友だちとケンカしてもすぐには仲直りできない。そんな学校に違和感を持っていったＭちゃんは、居心地の悪さとか学校独特の息苦しさのようなものを感じて、行かなくなったといいます。

行かなきゃと自分に言い聞かせていたそうですが、行きたくない気持ちが大き過ぎて行けない……。そんな状態が続く中、お母さんが学校の先生たちと仲よくなり、Ｍちゃんに保健室という居場所をつくってくれたそうです。

そこから学校に行くハードルが少しずつ下がり、保健室登校する日数が少しずつ増えていきました。保健室で勉強したりテストも一応受けたりはしていたそうですが、5年生のときに成績をつけられませんと渡された通知表を見てショックを受けます。そして、「じゃあ、がんばろう」という気持ちをバネに6年生では行ける日数もかなり増え、中学1年の1学期はなんと無遅刻無欠席。

ところが、2学期から再びだんだん中学に行けなくなり、3年生になります。高校という進路を前に、三者面談で先生から「出席日数が足りていないから」進める高校が限られると聞いて驚くと同時に、将来への焦りと不安でいっぱいに。お母さんと一緒にいろいろな高校のオープンキャンパスに行ってみるものの、どこもピンと来ず決められないまま。

そんなある日、お母さんから「**とりあえず行動してみたら**」と言われ、お母さんが参加していた経営者たちが集まり経営理念を学ぶ会に一緒に参加してみたところ、自分がまだ歩んだことのない道を開拓していく大人たちの話を聞いて、勇気と元気、

「人生って本当に意外となんとかなるもんなんだなぁ」

と生きていく自信をもらったと言います。

「そこから、**今まで学校に行かなきゃいけないという考え方だったのが、学校に行かなくても違うところがあるよねっていうふうに、本当に視野が広がっていって**」

それでもまだ自分は何が好きなのか、将来どうなりたいのか、やりたいことがわからずに悩んでいたとき、やはりお母さんの知り合いからMちゃんに合っているのではないかと紹介された通信制高校に興味を持ちました。

オープンキャンパスや学校説明会に行くうち、「**この学校だったら通いたいかも**」「私も通えるかも」と思うようになって進学。

Mちゃんは今、週3日通学し、2日は自宅で通信学習をしています。

「以前とは意識が違って、**この時間何をしよう、何を学ぼう**と、ワークショップを受けてみたり図書館に行ったり人と会ってお話ししてみたり、というチャレンジがたくさんできて。少しずつ、本当に少しずつなんですけれども、**自分の自信になる何かが着実についていったん**だと思います」

その甲斐あって、Mちゃんが今興味を持って学びたいと思うことは、3D制作、web制作、手話、中国語、心理学、アロマオイル、タッピングセラピー、声優の発声練習、お茶・紅茶の歴史……と数えきれないほど。

「たくさんできすぎたので、今はもう**同時進行で勉強中です。毎日がキラキラと輝いてワクワクと発見の連続で飽きないんです**」

「でも、こんなふうに自分が喜びを感じながら生きていけるなんて、中学の頃の私は全く知りませんでした。本当にあのときはどうしようもなくつらくて苦しくて、ただ息を吸って吐いて寝て起きて。そんな自分の生活に吐き気がしてもう本当は捨ててたかったたし投げ出したかった」

「けど、もがいてもがいて悩んで悩んで一生懸命生きてみて、本当によかったなと今は心から思えるようにまでなりました」

「大丈夫です。学校が全てじゃないから大丈夫ですよ」

才能開花

CASE 2

小5から不登校になったUさんの息子。専門学校に進み、自分の店を持つのが夢

Uさんの息子さんは、小学校5年生から不登校になりました。

理由は当時も今もわからないまま。息子さん自身、今でも「わからない」と言っているそうです。

ただ、息子さんはすごく暴れるタイプだったといいます。

学校や外ではすごくいい子、優しいいい子。でも、学校でためたストレスを家で爆発させるタイプで、いつも大暴れしていました。

と同時に、「死にたい」がすごく強い子で、暴れるとともに「死にたい死にたい」とのたうち回るんだそうです。

Uさんはもうそれがすごくつらくて、そこから救いたいという一念から、息子さんのストレスになるものは全部取り除いてあげようと「学校に行かなくていいよ」と言ってあげ、昼夜逆転していても、ずっとゲームをしていても、とにかく見守っていたそうです。

それでも暴れることは止まらず、中学生になるとガラスを割ったりして、警察に相談することも。小5から精神安定剤を少し飲ませたりはしていたそうですが、体が大きくなると暴れるのを親では抑えられなくなり、中3のときに精神科に入院。

そこで初めて「自閉症スペクトラム」と診断されたと言います。それまでも、息子さんのカルテに「適応障害」と書かれているのを見たことはありましたが、ずっと腑に落ちていませんでした。それが「自閉症スペクトラム」と診断がついたことで、**「あぁ、それでか。むちゃくちゃ育てづらかったけど、だからなんだ」と、思った**そうです。

そう**納得できたことで、Uさんは今まで葛藤してきたことを受け容れられました。**

「自分がずっと苦しんでたのを、やっと認めてもらえたような感じで。もう自責の念でいっぱいで、自分を責めて責めて、自分の育て方が悪い悪いとずっと苦しんでいたのが、やっと認めてもらえたような気持ちになりました」

息子さん本人も「あぁ、だからか。だから俺はみんなと同じようにできないんだ」と納得。同時に病院で「**周りと比べる必要はない**」「**あなたはあなたのままでいいよ**」ということを学び、退院してから一気に変わりました。

そこから少しずつ母子とも楽になっていったそうです。


高校は、通学しなくてもいい通信制の学校を選びました。

通学という束縛から自由になった息子さんは、高校2年生からバイトを始め、そのお金でボクシングを習うようになり、徐々に自信をつけていきました。

そして、3年生のときには「俺は青春を送ってない」と**専門学校に行くと自分から言い出しました**。

お母さんは「この子の口から……と思うと、涙が出るほどうれしかったです」と振り返ります。


今、息子さんは19歳。

「これからも人とは違う人生を進む、人と違ったことがしたい」と、みんなが就活をしている中、**自分の店を開くことを目標**にがんばっています。

お母さんからのメッセージの抜粋を最後にご紹介します。

どん底を味わった息子。

「生きていればなんとかなる」ことを痛感したようです。

「どうせ、なんとかなる」とわかっているから失敗を学びに変えて前に進める。

もちろん、波はあるけれど、**「大丈夫、うまくいく」**、**「オレならできる」と立ち直りも早くなりました**。

息子の完璧主義も改善され、以前より生きやすくなったようです。

不登校は悪いことじゃなく、私たち親子にたくさんの気づきと学びを与えてくれました。

才能開花

CASE 3

中3で起立性調節障害と診断されたYさんの娘。ただいまオーストラリア留学中

3人姉弟の一番上の娘さんが、中学2年の秋くらいから朝起きられなくなり、3年生で遅刻が増え、行き渋り、不登校になったというYさん。

そのときは、朝、名前を大声で呼んでも、体を揺すっても全く反応せず、このまま100年ぐらい眠り続けるんじゃないかと思うほどだったといいます。

そういう状態になる子がいることを知らなかったYさんは、保健室の先生が「起立性調節障害という病気がある」とチラッと言ったことがきっかけで、自分で調べて初めてその病気の存在を知りました。

そこで大きな病院で検査してもらったところ、やはり**診断は**「**起立性調節障害**」。

病院の先生には「高校生になれば治るよ」と言われ、血圧を上げる薬などいろいろな薬や漢方薬などを飲んだりしたそうですが、治らなかったといいます。

高校進学に関しては、成績はよかったものの出席日数の関係で公立は難しい、私立にしたほうがいいのでは？　と担任の先生に言われましたが、その私立高校は家から遠く、朝起きられないのに通うのはとても無理だろうということで、Yさんは通えそうな公立高校の副校長先生に事情を説明しに行き、受験させてもらえることに。

娘さんは見事、合格。心機一転、4月から朝7時に家を出てバスで通うという生活ができるようになりました。

ところが、4月の20日あたりで、またパタッと朝起きられなくなったそうです。

理由は、ラジオ体操が一人でもできないとグループ全員に連帯責任として走ることを課す、という体育の授業でした。自分が走らされる分にはいいけれど、それではほかの子まで嫌な思いをする理不尽さがすごくつらくて無理！　となり、朝起きられず再び不登校に。

その頃の娘さんは「自分が何のために生きているかわからない」と、すごく自分を否定したそうです。お風呂でもなかなか髪が洗えなかったり、マスクはもう絶対外さない、車で出かけてもできれば降りたくない、人に会いたくない、という状態でした。

Yさんは娘さんが最初に中学に行けなくなったとき、部活も勉強もがんばらなきゃという完璧主義なところに、仲のいい子が転校したりとかいろいろなことが重なったせいかな、と思っていたそうです。でも最近になって、クラスの男の子がいじめや仲間外れにあっていて、それをいじめのヒアリングのときに担任の先生に伝えても対応してくれず、「その雰囲気がすっごく嫌だった」と娘さんから聞かされたそうです。

それを聞いたYさんは「この子は理不尽さにすごく反応している」と気づき、夫との関係や自分自身を見直していきました。

当時、夫は父親として厳しく、娘さんの一挙手一投足に全部口出しするという感じだったそうです。

Yさんは「なんで自分の正義感をこんなに人に押しつけるんだろう」と思っていましたが、まず自分自身の夫に対する思い込みや接し方を変えていきました。

娘さんの起立性調節障害についてどう説明しようかと悩んでいたとき、夫が同学年の息子さんがやはり起立性調節障害で不登校という知り合いから「あまりいろいろ言わないほうがいいんだよ。**好きなことやらせてあげな**」と聞いてきたそうです。それから娘さんに口出ししなくなり、お父さんと娘さんの距離感がよくなっていきました。

また、Yさんは自分自身の「ポジティブハラスメント」にも気づきました。子どもたちが何か言ったことに対して「それはこういうふうに考えたらいいんだよ」と、ついポジティブに変換して返してしまうというYさんの癖です。でも、**ネガティブのまま受け止めてあげれば十分**だと知り、それを心がけるようになったそうです。

娘さんは結局、出席日数が足りず、高1の秋から通信制の高校に転校。そこからだんだん元気を取り戻していきました。

自分で何も決められなかった娘さんが、親に何かを言われたわけでもすすめられたわけでもないのに、**自分からオーストラリアへ留学したいと言い出し、今、留学中だ**そうです。

才能開花

CASE 4

高1で不登校になったAさんの長男。フリースクール、大学を経て、会社員8年目

高校に入学して2カ月ぐらいで不登校になったというAさんの息子さん。

息子さんもバスケ部に入ってみたり、いろいろ努力をしたそうですが、「やっぱり何か違う」という感じになり、特にこれといった理由はないまま、高校自体を拒絶するように行かなくなりました。

家に引きこもる生活が続き、すごく苦しそうにしていたといいます。

息子さんは最初、退学までは考えていなかったように見えました。でも、1年生が終わった時点で出席日数が全然足りず、私立だったので、留年するか退学するか決断を迫られたときには、もう迷わずに「退学する」と。

家に引きこもって苦しんでいた1年間、息子さんは「死にたい」とよく言い、「もう

生きていられない」「自分には道がない」と殴り書きで心情を吐露していたそうです。

3歳下の弟とは普通に話をするものの、両親とは必要最低限の会話もしない。中学時代の友だちが遊びに来てくれたら受け入れはしても、自分からコンタクトはとらない。不登校の子によく聞く話ですが、やはり髪も切りに行かなくなりました。

その間、昔家族で暮らしていた町で知り合ったフリースクール——そこは**オルタナティブスクール**（公立でも私立でもない「新しい選択肢の学校」）と考えているとおっしゃっていたそうです——を開いているご夫婦に相談に行ったり、息子さんを連れて話を聞きに行っていたそうです。

そして、息子さんが「**そこなら行けるかもしれない」と言い出し、その町で一人暮らしをしながら通うようになりました**。息子さんは10歳まで暮らしていたその町がすごく好きだったからです。

Aさんもまた「自分では過保護だと思っていなかったけれど、すごく心配性だった」ので、そのフリースクールを開いているご夫婦に「大丈夫、一人で来れると思いますよ」と言われて安心したそうです。

フリースクールでは、常時通ってきている子はAさんの息子さんを含めて3、4人。勉強のスケジュールなども一人一人自分で先生と相談しながら進めていく形でした。昼食は子どもたちと先生で一緒に買い出しに行って、作ります。息子さんが暮らしていたのは朝食と夕食がついていた学生会館でしたが、この体験でごはんが作れるようになり、生活力が高まりました。山登りにもみんなで行ったそうです。

Aさんが一番ホッとしたのは、息子さんと同じように学校に行っていない同い年くらいの子が仲よくしてくれたことでした。息子さんが一人暮らしをすると言ったら、みんなでゴミ箱を買いに行こうと一緒に買い物に行ってくれたり、休みの日には先生たちがボウリングに連れていってくれたり。

すごくウェルカムな感じで迎え入れてもらえ、息子さんが**一度遮断してしまった周囲とのコミュニケーションを再開**したことがありがたく、うれしかったと言います。

そしてフリースクールに通った2年間で、息子さん**は高卒認定**（高等学校卒業程度認

定試験）に合格。

大学に進み、もともと好きだった英語を勉強して、入学した年に6週間、3年生のときに1年、**留学先も全て自分で決めて交換留学生としてイギリスで学び**ました。

「海外に出かけたり、海外の人と交流することを楽しめるようになったようです」

就職先も息子さんが自分で決めました。その頃、Aさんご夫婦はご主人の仕事で海外にいたそうです。「就活のほうはどう?」とLINEを送っても「まあまあ」「ぼちぼち」と返って来るだけ。入社決定は事後報告でした。

息子さんは就活のとき、自分がほかの学生と一番違う点として、不登校で高校を1年で退学したことを挙げたそうです。高校を辞めてから自分はどうやってここに至ったのかをアピールしたら、入社が決まったのだとか。

「息子がそれを前向きにとらえているからではないかと思います」

それから8年。息子さんは今もその会社でがんばっています。

CASE 5

いじめが原因で中2から不登校になったYさんの娘。幸せな家庭を築いて創作活動も

Yさんの娘さんは、中学2年の2学期、いじめが原因で不登校になりました。きっかけは、娘さんの身に起こった自殺未遂事件。

Yさんは、うちの娘が自殺未遂をすることはない、原因があるはずだと追及したかったし、病院の先生も頭に20個以上のたんこぶがあって傷を負っているから自殺未遂ではつじつまが合わない、いじめでは……と言ってくれたのですが、周囲の反応は悪く、カウンセラーにも「傷を無理やり広げるよりは、いつか子どももお母さんに言うかもしれない。でも言わないかもしれない」と言われ、白黒つかないまま揉み消されたようになりました。

その事件を受け容れられないまま、Yさんはつらくてつらくて、いじめの犯人として浮上した一人だけを恨んでそれから10年生き続けたといいます。

そしてある日、「恨んでも何も生まれない」と思い、自殺未遂事件に関して、もしかしてこういうことだったのかな、と自分が疑問に思っていたことでだんだんわかってきたことを、娘さんに言ってみたら、返事は「そうだよ」。

でも、そのときはもう学校の先生も隠蔽しようとしているので、**娘さんは人間不信に陥っていました。「誰も私を信じてくれない」**と。

娘さんからいじめという事実を聞かされたとき、「私は娘の言うことを全面的に信じてあげる親でありたかった」と後悔したそうです。

「後から気づいたことですが、当時は私も、娘は命を粗末にするような子ではない、そんな子に育てた覚えはない、と自分を正当化したかったんですね。自分がダメな親で、『あんたの育て方が悪いから子どもがそんなふうになってるんだよ』って世間に言われてるんじゃないか。そんなはずはない、私の育て方は間違ってない、みたいな。悪いのは私じゃない、でも私のせいなんだ。その葛藤を恨みに変えて10年生きてきたのかなと思いました」

不登校中から**ずっと娘さんの居場所は、オンラインゲーム**でした。

そして、**そこで知り合った人と恋に落ち、遠距離恋愛の末、結婚。幸せな家庭を築き、今ではお子さんにも恵まれました**。

遠距離恋愛中、「東京駅を通過するときに過呼吸になってしまうから」と、ポケットにビニール袋をしのばせて会いに行ったという話を、結婚式のときに聞いたYさんは「ゲームを、そういう出会いを否定しなくてよかったな、と思った」と言います。

「そこが娘にとっての居場所で、娘のことを全面的に受け容れてくれた旦那さんがいたから、本当にそこに全部自分の気持ち——身も心も委ねられたんだなって」

現在、娘さんは41歳。**地元で大勢の仲間ができて、マルシェに手作りアクセサリー店を出しています**。「私は人が好きなの」そう言って対面販売にこだわっているとか。

Yさんの家庭は夫がDVで、経済的にも本当に大変な環境で、娘さんが働かずに家にいると生活が立ち行かなくなり、その結果、娘さんも外に働きに出ざるを得なくなったそうです。

そのことを今、娘さんは、

「うちが裕福じゃなくてよかった。家にいていいよ、とずっと言われ続けてたら、私はそこに安心して、外に出る機会をなくして社会に出るのが怖くなって行かなくなってたと思う。**外に行く機会、社会とのつながりが持てたことで、今の私がある。**だから、感謝しています」

と言ってくれているそうです。さらに、

「あのときのお母さんは、いいお母さんになろうとして必死だったよね。私はそれがつらかった。だから今、自分の娘は自分の子であっても客観的に見ることができてる。お母さんのおかげで学んだ」と。

現在、娘さんの次女は不登校ですが、

「私も不登校だったけど、今こんなに幸せだから大丈夫。うちの子にはクリエイティブな才能があるから、学校で勉強するより家で創作活動してるのよ〜。私の子だから大丈夫」

と明るく語っているそうです。

おわりに

本書の「はじめに」で2つの質問を投げかけさせてもらったことを覚えていますか。

本書を読み終えて、今どんな答えが思い浮かぶでしょうか。書いて見比べてみてください。もう一度同じ質問を投げかけさせてもらいます。

「お子さんにどうなってほしいですか？」

「あなたはどんなお母さん・お父さんになりたいですか？」


子どもにもっと勉強してほしい、友人をつくってほしい、学校に行ってほしい、と書いていた方が、子どもには幸せになってほしい、と変わっているかもしれません。

自分は、何でもしてあげられるお母さん・お父さんになりたい、と思っていたのが、子どもの未来の可能性を信じられるお母さん・お父さんになりたい、子どもが自分らしく生きる応援ができるお母さん・お父さんになりたい、ご機嫌なお母さん・お父さんになりたい、と変わったかもしれません。

答えが変わらなかったとしたら、それは確固たる信念、願いなんだということがわかりますね。

もし、答えがより前向きに変わったのだとしたら、本書が少しでもお役に立てたのではないかと思います。


親は子どもを思い続けます。

でも、つい忘れがちなのは、子どももお母さんやお父さんの幸せを願っているということ。お母さん、お父さんが輝けば、子どもは輝いていきます。

今まで自分を支えてきてくれた価値観を手放し、新しい価値観を採用していくことは、やはり不安だし、一人で抱えるにはあまりにもしんどい。だからこそ、人とつながることを恐れないでほしいと切に思っています。


本書が、不登校という社会問題に向き合うすべての方の、そして学校に行けない子どもたちの明るい未来を考えるきっかけになれたとしたらうれしい限りです。

矢部裕貴《やべゆうき》
親子問題専門の心理カウンセラー／お母さんの学校 校長
静岡県出身、滋賀県東近江市在住。15000人以上の親子のカウンセリングをする中で、悩みは才能に変わることを発見。子育てに悩んでいたお母さんが、才能を伸ばすお母さんへ変化していくことが話題の「お母さん心理学」を開発。「一人で悩むお母さんを0にする」をモットーに、お母さん向けのオンラインコミュニティ「お母さんの学校」を運営。2024年に主催したオンラインイベント「不登校フェス」には1万人以上が参加した。
・お母さんの学校　https://okasannogakkou.com/

学校《がっこう》に行《い》けない子《こ》どもの気持《きも》ちと向《む》き合《あ》う本《ほん》
その子《こ》にあったオリジナルの未来《みらい》を見《み》つけよう

2024年9月2日　初版発行

著者／矢部裕貴《やべゆうき》

発行者／山下 直久

発行／株式会社KADOKAWA
〒102-8177　東京都千代田区富士見2-13-3
電話 0570-002-301（ナビダイヤル）

印刷所／TOPPANクロレ株式会社

製本所／TOPPANクロレ株式会社

●お問い合わせ
https://www.kadokawa.co.jp/（「お問い合わせ」へお進みください）
※内容によっては、お答えできない場合があります。
※サポートは日本国内のみとさせていただきます。
※Japanese text only

定価はカバーに表示してあります。

ISBN 978-4-04-607097-5　C0037